교양으로 읽는 최소한의
심리 법칙

교양으로 읽는 최소한의
심리 법칙

사람들의 생각과 행동을 이해하는

최소한의 지식

강준우 지음

북카라반
CARAVAN

프롤로그

세상을 살다 보면 여러 가지 상황에 부딪히게 됩니다. 나는 이렇게 생각하는데, 저 사람은 왜 저렇게 황당한 행동을 할까요? 야구 주심은 왜 저렇게 오버 액션을 하면서 큰소리로 스트라이크 판정을 할까요? 사람들은 왜 명품에 열광할까요? 특히 한국 사회에 부는 명품 바람은 도가 지나칠 정도인데 한국만 그런 것일까요? 이미 120년 전에 사회학자들과 심리학자들은 이런 현상을 궁금해하고 이론으로 만들어서 설파했습니다.

　사회적인 문제뿐만 아니라 개인들과의 관계에서도 여러 문제가 발생합니다. 친한 지인들과 대화하다가 정치 이야기가 나오면 진보, 보수의 이념이나 옳고 그름을 떠나 상대방을 이해하기보다는 각자의 시각만 되풀이하면서 대화가 겉돌고 나중에는 다투기까지 합니다. 또 분명히 A의 말이 맞는데 A의 편을 들기보다 적당히 중재를 택하면서 분위기를 깨지 않으려고 노력합니다. 이런 사람들의 심리는 무엇이고 왜 그런 행동을 할까 궁금해집니다.

많은 변수가 있지만 사람들이 이런저런 마음을 먹거나 행동을 하는 데에는 어떤 이유가 있을 것이고, 그 나름의 합리성이 있을 것입니다. 그런 행동과 심리에는 어떤 규칙과 공통점이 있다는 것입니다. 그런 사람들의 심리와 행동들의 법칙을 이 책에서 살펴보았습니다. 전문적이고 깊은 이야기보다는 '사람들이 이래서 저런 생각을 하고 행동을 하는구나' 이해하는 차원에서 백과사전식으로 정리했습니다.

사회생활을 하면서 누군가와 대화를 하거나 독서를 할 때 가벼운 배경 지식의 역할을 기대하면서, 이 책이 교양인으로 가는 첫걸음이 되길 희망합니다. 일상적으로 보면 사람들의 하찮겠없는 행동과 심리들을 연구 주제로 삼아 실험하고 데이터화해서 이론적으로 정립한 심리학자들과 사회학자들의 노력이 경이롭습니다. 누구나 부담 없이 사회과학 거장들의 이론을 맛보기로 즐길 수 있으면 좋겠습니다.

2024년 6월
강준우

2장 행동경제와 심리

1장

심리 효과와 증후군

피그말리온 효과

✦

Pygmalion effect

피그말리온은 그리스 로마 신화에 등장하는 조각가의 이름에서 유래합니다. 피그말리온은 자신이 조각한 여인상이 너무 아름다워 갈라테이아라는 이름을 붙이고, 세상의 어떤 여자보다 진심으로 사랑했습니다. 이를 지켜보던 미의 여신 아프로디테가 감동해 조각상에 생명을 불어넣어서 진짜 인간으로 만들어 주었습니다.

피그말리온 효과는 무엇을 간절히 원하거나 기대하면 긍정적인 결과를 가져온다는 심리 효과로, 자기 충족적인 예언이라 하겠습니다.

1968년 미국에서 초등학생들을 대상으로 교육 실험을 했습니다. 전체 학생을 대상으로 지능 검사를 실시한 후 실제 지능 검사와 관계없이 20퍼센트의 학생을 무작위로 뽑아, 교사에게 명단을 주면서 이 학생들은 지능 지수가 높다고 말했습니다. 명단을 받아든 교사는 명단 속 학생들에게 기대감을 드러냈습니다.

교사의 기대와 격려가 아이들에게 전해진 덕분인지 8개월 후에 다시 지능 검사를 하자 이 학생들의 성적이 향상되는 결과를 가져왔습니다. 이 실험을 주도했던 하버드대학교 교수 로버트 로젠탈의 이름을 붙여 '로젠탈 효과'라고도 합니다. 학교생활만이 아니라 직장생활, 모든 인간관계에도 해당하는 내용입니다.

누군가를 향한 기대와 격려는 긍정적인 시너지를 가져옵니다. 베스트셀러 책 『칭찬은 고래도 춤추게 한다』에는 플로리다의 해양관에서 무게가 3톤이나 되는 범고래가 관중들 앞에서 점프 쇼를 선보이는 내용이 나옵니다. 이곳의 조련사가 고래를 조련하는 방법의 핵심은 고래에게 긍정적인 태도와 칭찬을 보내는 것이었습니다. 칭찬은 특히 새롭게 무언가를 배우고 학습하는 청소년에게 동기를 부여하고 성장을 도와줄 중요한 요소입니다.

스티그마 효과

✦

Stigma effect

스티그마 효과는 피그말리온 효과와 반대되는 현상으로, 부정적인 낙인이 찍히면 계속해서 더 나쁜 쪽으로 변해가는 현상을 말합니다. 스티그마는 쇠붙이를 불에 달구어 찍는 도장으로, 가축의 몸에 찍어 소유권을 표시하는 낙인을 뜻합니다.

1960년대 미국의 사회학자 하워드 베커는 '낙인 이론labelling theory'을 발표했습니다. 처음 범죄를 저지른 사람에게 범죄자라는 낙인을 찍으면, 범죄자의 정체성을 갖고 재범 가능성이 높아진다는 것입니다.

지역에 따라 시작 시기가 다르지만, 한국에서는 많은 논란 속에 2011년부터 초중고생에 대한 무상급식을 시행하고 있습니다. 당시 나온 제안 가운데 전면적인 무상급식보다 저소득층에 대한 선별적 무상급식을 시행하자는 의견도 있었습니다. 하지만, 이는 저소득 계층에 대한 낙인 효과가 있다며 우려했습니다.

스톡홀름 증후군과 리마 증후군

✦

Stockholm syndrome / Lima syndrome

스톡홀름 증후군은 극심한 공포 속에서 자신을 위협하는 가해자에게 동조하거나 긍정적인 감정을 갖는 심리 상태를 말합니다.

1973년 스웨덴 수도 스톡홀름의 한 은행에서 무장 강도 사건이 발생했습니다. 강도 두 명이 네 명의 은행 직원들을 인질로 잡고 6일 동안 경찰과 대치했습니다. 인질들은 강도들과 6일 동안 은행 금고에서 생활하면서 그들과 아주 친숙해졌고, 정서적인 애착 관계가 형성되었습니다. 이후 경찰에 투항할 때 강도들이 사살당하지 않게 인간 방패 역할을 하고, 재판 과정에서 강도들에게 불

15

리한 증언을 거부하기도 했습니다.

이러한 현상을 두고 스웨덴의 심리학자 닐스 베예로트는 1974년 발표한 「스톡홀름에서 6일간의 전쟁」이라는 논문에서 '스톡홀름 증후군'이라고 명명했습니다. 심리학자들은 피해자가 가해자에게 긍정적인 감정을 갖는 것이 이성적인 선택이거나 의식적인 결정이 아니라 자아의 생존을 모색하다가 생긴 방어 기제라고 설명합니다.

이런 현상이 나타나는 사례로는 데이트 폭력을 들 수 있습니다. 연인 관계에서 폭력을 경험한 사람들은 의외로 관계를 정리하지 못하고 질질 끌려 다니면서 상대방의 애정을 확인하고자 하는 경향이 있습니다. 그래서 스톡홀름 증후군을 트라우마적 유대traumatic bonding, 공포유대terror-bonding라고도 합니다.

1974년 미국의 언론 재벌 허스트가의 상속녀인 퍼트리샤 허스트가 좌파 무장단체 SLA에 납치되는 사건이 벌어집니다. 두 달 뒤 퍼트리샤는 타니아로 개명하고, SLA의 일원으로 무장 강도가 되어 은행에 침입하는 범죄를 저지릅니다. 이후 퍼트리샤는 연방수사국FBI에 체포되었고, 재판에서 그녀는 SLA에 세뇌되어 범행을 저질렀다고 진술했습니다.

변호인단은 심리학자들을 내세워 그녀가 이른바 스톡홀름 증후군이라며 무죄를 주장했습니다. 하지만 퍼트리샤는 35년 형을

선고받았고, 나중에 7년형으로 감형된 뒤 22개월 만에 가석방되
었습니다.

반대되는 이론으로 리마 증후군이 있습니다.
1999년 페루의 수도 리마에 있는 일본 대사관에서 열네 명의
혁명단체 단원들이 인질 400여 명을 억류했습니다. 범죄자들은
약 4개월 동안 인질들과 생활하면서 오히려 인질들에게 동화되어
폭력성이 저하되는 모습을 보였습니다. 스톡홀름 증후군과 반대
되는 현상이 벌어진 것입니다. 나중에 인질범들은 모두 사살되었
습니다.

자이가르닉 효과

✦

Zeigarnik effect

자이가르닉 효과는 완결하지 못한 일은 기억에서 떨쳐내지 못하고 계속 기억하고, 완수한 일은 기억에서 잘 사라진다는 이론입니다. 미완성 효과라고도 합니다.

1920년대 독일 베를린대학교 심리학과에 유학 중이던 러시아계 유대인 블루마 자이가르닉이 어느 날 식당에서 앉아 지도교수 쿠르트 레빈을 기다리고 있었습니다. 자이가르닉은 웨이터들이 그 많은 손님과 주문을 헷갈리지 않고 잘 처리하는 것을 보고, 자기에게 음식을 건네준 웨이터에게 옆 테이블의 메뉴가 무엇이었는지 물었습니다. 웨이터는 전혀 기억이 나지 않는다고 당황해했습니다. 이미 마쳐버린 과업은 쉽게 잊어버리고, 완결되지 않은 과업만을 기억한다는 것입니다.

이런 사례로는 첫사랑을 들 수 있겠습니다. 이루지 못한 첫사랑에 대한 기억은 영원히 남아 있는 것 같습니다. 드라마에서 결말을 보여주지 않고 극적인 장면을 다음 회로 넘긴다거나, 브랜드를 숨기고 호기심을 유발하는 티저 광고 같은 것들도 이런 효과를 노린 것입니다. 이처럼 자이가르닉 효과는 마케팅에서 유용한 방법으로 사용되기도 합니다.

간츠펠트 효과

✦

Ganzfeld effect

간츠펠트 효과는 장시간 외부의 자극이 차단되면 뇌에서 자체적으로 환청이나 환각을 만들어내는 현상을 말합니다. 1930년대 독일의 심리학자 볼프강 메츠거가 제시한 이론입니다.

2006년 영국의 방송사 BBC에서 지원자들을 모집해 시각과 청각이 완전히 차단된 방에서 48시간을 지내도록 하는 실험을 했습니다. 실험 대상자들은 독방에서 지내는 동안 끊임없이 환각에 시달렸습니다. 각종 기하학 패턴과 뱀이나 용을 보는 등 환각을 경험했고, 불안감에 잠을 제대로 잘 수도 없었다고 합니다.

간츠펠트는 독일어로 '전체 시야'를 뜻합니다. 전체 시야를 차단하면 뇌에서는 거짓 신호를 만들어서라도 감각이 차단되지 않도록 합니다.

대부분의 종교에서는 수행과 명상을 합니다. 명상이나 수행으로 무념무상의 경지에 이르면 자기 자신을 잊고 깨달음을 얻습니다. 그 과정에서 악마나 마귀 같은 영적인 존재들이 나타나기도 하고 환청과 환각에 시달리기도 합니다. 아마도 대부분의 명상이나 수행이 완벽하게 외부의 자극으로부터 나를 차단하고 나를 잊으려고 노력하다 보니 신비한 영적 체험을 하는 것 같습니다.

이처럼 간츠펠트 효과는 감각 자극이 없을 때 뇌가 알아서 대체할 자극을 채워 넣는 것입니다. 간츠펠트 효과에 대한 연구는 1880년대 영국 런던의 심령연구학회에서 시작되었고, 1930년대 미국에서 초심리학으로 이어져 초능력과 초자연적인 현상에 관한 연구로 확장됩니다.

자극적인 영상이나 소음에 시달리고 생각이 복잡한 현대인들은 이런 일상에서 탈출하고 마음을 내려놓기 위해 가벼운 간츠펠트 효과를 경험해보는 것도 나쁘지 않을 듯합니다. 현대 의학에서도 감각을 완전히 차단하지 않고 약 80퍼센트 정도로 차단하는 환경을 만들면 명상 상태와 비슷한 이완이 이루어져 우울증, 통증, 스트레스 등의 치료에 효과가 있다고 말합니다.

베블런 효과Veblen effect

밴드왜건 효과Bandwagon effect

스놉 효과Snob effect

파노플리 효과Panoplie effect

✦

미국의 사회학자 소스타인 베블런은 1899년에 낸 『유한계급론』에서 가격이 오르는데도 사치재나 고가의 물건이 더 수요가 많아지는 현상을 지적했습니다. 이를 베블런 효과라고 합니다.

베블런 효과는 비싼 물건을 근거 없이 신뢰하고, 비싼 물건을 구매할 수 있다는 것을 과시하고 싶은 욕구에서 발생합니다. 이런 욕구는 상류층뿐 아니라 일반인들에게까지 고가의 사치재 소비를 촉진합니다. 그리고 사치재의 가격이 상승할수록 구매자 또한 늘어나게 됩니다.

우리나라 명품 시장에 나타나는 현상과 비슷합니다. 과시욕이나 허영심을 채우기 위해서 무리한 지출을 감수하고라도 고급 자동차나 명품에 대한 수요가 줄지 않고 있습니다. 비싼 상품을 소비하는 것과 자신의 사회적 지위나 부를 동일시하는 착각을 하고 있습니다.

유행에 따라서 상품을 소비하는 현상을 밴드왜건 효과 또는 편승 효과, 모방 효과라고도 합니다. 퍼레이드 맨 앞에서 악대 차가 사람들의 시선을 끌고 뒤의 행렬을 이끄는 데에서 유래했습니다. 대중이 투표나 여론 조사에서 확실한 주관 없이 대세에 따르는 것도 밴드왜건 효과입니다.

1950년 미국의 경제학자 하비 레이번슈타인이 『경제학 저널』에 발표한 「소비자 수요 이론에서 밴드왜건, 스놉, 베블런 효과」라는 논문에서 밴드왜건 효과를 처음 제시했습니다.

스놉 효과(속물 효과)는 남들과 차별화된 소비 행태를 말하는데, 원래 자기가 좋아하는 상품도 대중들이 찾기 시작하면 사람들이 모르는 상품으로 갈아타는 소비를 뜻합니다.

부자들은 대중들이 좋아하는 브랜드나 상품을 싫어하고 이른바 '구별 짓기'를 하고 싶어 합니다. '난 남들과 달라'라는 태도로 상품의 희소성에 만족하고, 어떤 상품이 대중적으로 유행하면 소비를 외면하는 소비 행태입니다.

밴드왜건 효과가 인기 상품이라면 따라서 사는 소비 행태라면, 스놉 효과는 이와 반대로 남들이 하는 것은 거부합니다. 까마귀 무리와 떨어져 있는 백로 같아서 '백로 효과'라고도 합니다. 이를 활용해 '리미티드 에디션'이라는 이름으로 특정 시기나 수량에 제한을 둔 한정 상품을 판매한다든지, 백화점에서 일정 이상 매출을 올려주는 고객에게 부여하는 VIP 제도를 만들었습니다.

파노플리 효과는 소비자가 특정 제품을 소비하면 그 제품을 소비하는 집단과 같은 부류라고 생각하는 심리를 말합니다. 1980년대 프랑스의 사회학자 장 보드리야르가 현대인의 소비 심리를 분석하면서 내놓은 개념입니다. 보드리야르는 상류층으로 신분을 상승 시키고 싶은 마음이 고가의 상품이나 명품 구매로 이어진다고 했습니다.

명품 소비가 새로운 계급 사회를 만든 셈입니다. 이는 특정한 제품을 구매하면서 그 제품을 구매할 것이라고 예상되는 집단과 자신을 동일시하는 현상으로, 일반인의 허영과 욕망을 반영합니다.

바넘 효과

✦

Barnum effect

19세기 말에서 20세기 초 미국에서 활약하던 피니어스 테일러 바넘이라는 유명한 서커스업자가 있었습니다. 바넘은 사기꾼과 흥행업자 그 중간에 있는 인물입니다. 실제로 서커스단을 운영하면서 태국의 샴쌍둥이를 데려와 흥행시켰으며, 80대의 흑인 여성을 미국 초대 대통령 조지 워싱턴의 유모이고 160살 먹었다고 관객들을 현혹하는 등 많은 이벤트를 성공시켰습니다.

바넘은 '대중은 속기 위해 태어난다'고 말할 정도로 사기에 대단한 소질을 보였습니다. 한편으로 그는 흥행의 천재이자 희대의 엔터테이너라고도 할 수 있습니다.

바넘 효과는 사람들이 보편적으로 갖는 성격이나 심리적 특성을 자신만이 가진 특징으로 여기는 심리적 경향을 말합니다. 1956년 심리학자 폴 밀이 이름을 붙였습니다. 바넘은 자신의 서커스를 구경하러 온 관람객들의 성격을 맞추는 묘기를 선보였습니다. 사람들은 막연하고 일반적인 특성을 자신의 성격으로 묘사하면, 다른 사람들에게도 그런 특성이 있다고 생각하지 않고 자신만의 특성으로 믿으려는 경향이 있다고 합니다.

이는 1948년 미국 심리학자 버트럼 포러가 성격 진단 실험을 통해 처음으로 증명해 '포러 효과'라고도 합니다. 포러는 학생들을 상대로 성격 테스트를 한 뒤 신문 점성술란의 내용을 일부만 고쳐 학생들에게 똑같이 나눠주었습니다. 자신이 받은 테스트 결과가 자신만의 것이라고 생각한 학생들은 약 80퍼센트가 자신의 성격과 잘 맞는다고 말했습니다.

사실 바넘 효과를 유발하는 서술이나 진술은 얼핏 상대방을 잘 간파하는 듯하지만 아주 애매모호해 누구에게나 잘 들어맞을 수 있습니다. 이처럼 누구에게나 적용 가능한 성격 묘사를 특정한 개인에게 맞춘 것처럼 착각하기도 하는데, 이는 점을 보러 가거나 혈액형, 성격 분류 테스트에서도 흔하게 보는 오류들입니다. 이른바 '코에 걸면 코걸이, 귀에 걸면 귀걸이'라는 말처럼 과학적으로 증

명되지 않은 미신이나 몇 가지 분류로 사람의 성격이나 특성을 일
반화하는 테스트들을 너무 믿지 않는 것이 좋겠습니다.

더블 바인드 - 이중 구속

✦

Double bind

더블 바인드는 이도 저도 할 수 없는 정신 상태를 말합니다. 1950년대 미국의 인류학자 그레고리 베이트슨이 제시한 이론입니다. 원래는 조현병과 관련해서 나온 이론인데, 엄마가 아이에게 무엇을 하라고 말하면서 동시에 그것을 부정하는 몸짓을 하면 아이는 이중으로 구속된 상태가 되어 아무것도 할 수 없다는 것입니다.

더블 바인드는 마케팅이나 커뮤니케이션 기법으로 많이 사용하고 있습니다. 예를 들어 음식점에서 주문을 했는데 직원이 더 추가할 것이 없느냐고 물으면 추가할 것이 없으니 바로 거절할 수 있습니다. 하지만 직원이 음료는 사이다와 콜라가 있는데 어떤 것으로 하겠느냐고 물으면 손님은 당연히 둘 중 하나를 주문해야 하는 착각에 빠집니다. 이때 소비자들은 자신의 의지로 선택했다고 착각하지만, 실제로는 상대방이 원하는 선택을 한 것입니다.

이중 구속은 심리 상담을 할 때도 많이 쓰는 방법입니다. 상담자가 원하는 특정 전제를 깔고 내담자에게 여러 가지를 제안하며 선택하라고 하지만, 사실 어떤 선택을 하든 상담자가 애초에 깔아 놓은 특정 전제 중에서 선택하게 됩니다.

요즘은 아니지만 예전 군대에는 이른바 '소원 수리'라는 것이 있었습니다. 군 생활 중에 겪는 상급자의 폭행이나 불편함, 고민 등과 같은 조직 내부의 불합리와 고충을 남들이 알지 못하게 적어 내는 것이었습니다. 그러나 실제로는 문제가 해결되지도 않고, 나중에 글을 쓴 사람을 찾아내어 오히려 불이익을 주는 일들이 있었습니다.

그래서 하급자 시절에 막상 편하게, 허심탄회하게 소원 수리를 하라고 하면 다들 머뭇거리고 어쩔 줄 몰라 했던 기억들이 있을 것입니다. 직장 상사가 식사하러 가서 '원하는 것 다 드세요. 난 짜장면' 하고 말하는 것도 이중 구속입니다.

머피의 법칙과 샐리의 법칙

✦

Murphy's law / Sally's law

머피의 법칙은 일이 잘 풀리지 않고 갈수록 꼬이는 것을 말합니다.

1949년 미국 에드워드 공군 기지에 근무하던 에드워드 머피 대위는 당시 미 공군에서 진행한 차세대 음속기 개발을 위한 실험에 참여했습니다. 머피가 맡은 분야는 인체가 버틸 수 있는 중력의 한계를 찾는 것이었습니다. 머피가 개발한 전극봉으로 가속된 신체가 갑자기 감속했을 때의 상태를 측정하는 실험이었는데 계속해서 실패했습니다.

나중에 조사해보니 전극봉 한쪽의 배선이 잘못되어 있었습니다. 이 때문에 모든 것이 잘못될 수밖에 없었습니다. 이를 보고 머피는 "일을 하는 데에는 여러 가지 방법이 있고 그중에서 한 가지 방법이 재앙을 초래할 수 있는데, 누군가는 꼭 그 방법을 사용한다"라며 이른바 재수 없음을 말했습니다.

일상생활에서 보면 오랜만에 큰마음 먹고 세차했는데 비가 온다든지, 아침 출근길에 늦을까 봐 택시를 탔는데 사고가 났다든지, 밤 새워 시험공부를 했는데 내가 공부한 데서는 문제가 출제되지 않았다든지 등 많은 사례가 나올 수 있습니다.

사람들은 왜 나한테만 재수 없는 일이 벌어질까 생각합니다. 하지만 일부 심리학자들은 머피의 법칙이 선택적 경험에 의한 산물이라고 말합니다. 인상 깊었던 기억들이 뇌에 남아 있다는 것입니다. 일이 문제없이 해결되면 그것을 당연하다고 여기기 때문에 기억에 잘 남아 있지 않고, 일이 실패했을 때는 기억에 남아 있다고 합니다. 문제는 그런 실패 사례들만 오래 기억하다 보니 모든 일이 꼬였다고 생각한다는 것입니다.

운전할 때 우리는 '왜 급한 일이 있을 때마다 빨간 신호등에 걸리지'라고 생각합니다. 실제로는 초록 신호등이었던 경우도 똑같이 많은데 빨간 신호등에 걸린 기억만 남아 있는 것입니다. 결국 인상 깊었던 일들이 기억에 잘 남아 있다는 말입니다.

반대로 계속해서 자신이 바라는 대로 일이 풀리는 샐리의 법칙이 있습니다. 1989년 만들어진 영화 〈해리가 샐리를 만났을 때〉의 여주인공 이름에서 따온 법칙입니다. 영화의 내용은 해리와 샐리가 12년 동안 친구로 지내며 우여곡절을 겪다가, 결국에는 해리가 샐리에게 고백하고 해피엔딩으로 끝나는 이야기입니다.

시험 전날 밤에 벼락치기로 공부했는데 공부한 것이 전부 시험에 나왔다면 이 또한 샐리의 법칙이라고 할 수 있습니다.

플라세보 효과와 노세보 효과

✦

Placebo effect / Nocebo effect

플라세보 효과는 효과가 없는 가짜 약제를 진짜 약으로 생각하고 복용했을 때 환자의 증상이나 병세가 호전되는 현상을 말합니다. 플라세보는 라틴어로 '나는 기뻐할 것이다'라는 뜻입니다.

'가짜 발모제가 머리카락을 자라게 함. 가짜 수술이 무릎의 부기 가라앉힘. 가짜 진통제가 50~60퍼센트의 진통효과를 냄. 가짜 약으로 우울증 29퍼센트, 십이지장 궤양 36퍼센트, 역류성 식도염 36퍼센트 효과.' 플라세보 효과 사례는 무수히 보고되고 뉴스로 나오기도 했습니다.

이에 관해서 코넬대학교의 심리학자 토머스 길로비치는 "신체는 스스로 치유하는 능력을 가지고 있기 때문에 의사가 아무 도움이 되지 않는 행위를 하더라도 긍정적인 결과를 경험하게 된다"고 말했습니다. 긍정적인 마음으로 치료를 받으면 효과가 훨씬 더 크다는 것을 확인할 수 있습니다.

반대로 노세보 효과는 제대로 약을 사용했는데도 환자가 효과가 없다고 생각하면 약효가 나지 않는 현상을 말합니다. 노세보는 라틴어로 '나는 해를 줄 것이다'라는 뜻입니다.

암 진단을 받은 사람들이 아직 암이 신체에 아무런 영향을 줄 수 있는 단계가 아닌데도 본인이 건강하지 않다고 생각해 여러 가지 어려움을 호소하곤 합니다. 노세보 효과는 약효뿐만 아니라 사람의 심리를 매우 약하게 만드는 현상을 보여줍니다. 고장 난 냉동고 속에서 얼어 죽은 사람 이야기라든지, 아이티의 부두교 주술사가 저주를 내리자 시름시름 앓다가 죽은 사람들의 이야기도 노세보 효과라고 할 수 있습니다.

플라세보 효과와 노세보 효과는 인간의 긍정적인 마인드가 건강과 자신에게 얼마나 좋은 영향을 주는지를 알게 해줍니다.

리플리 증후군과 뮌하우젠 증후군

✦

Ripley syndrome / Münchausen syndrome

리플리 증후군은 허구의 세계를 진실이라고 믿고 거짓된 행동과 말을 상습적으로 하는 반사회적 성격 장애를 말합니다. 미국의 소설가 퍼트리샤 하이스미스가 1955년에 발표한 소설 『재능 있는 리플리』의 주인공 이름에서 유래했습니다.

이 소설은 호텔 종업원으로 일하던 리플리가 부호의 아들인 친구를 죽이고 친구 행세를 하면서 그의 인생을 대신 살아가는 범죄 소설입니다. 리플리는 신분을 속이기 위해서 거짓에 거짓을 더하고 대담한 행동으로 완전 범죄로 가는 듯했지만, 친구의 시체가 발견되면서 모든 사실이 드러나게 됩니다. 이 소설을 원작으로 1960년 알랭 드롱 주연의 영화 〈태양은 가득히〉와 2000년 맷 데이먼 주연의 〈리플리〉가 만들어집니다.

2023년 부호 행세를 하면서 펜싱 선수와 연인 관계였던 전청조의 사기 사건이 전국을 뒤흔들었습니다. 이 모든 일은 욕구 불만과 열등감에 시달리던 사람이 상습적인 거짓말을 하면서 벌어지는 것으로 타인에게 심각한 피해를 주게 됩니다.

뮌하우젠 증후군은 1951년 영국의 정신과 의사 리처드 애셔가 발표한 병명입니다. 18세기 독일에 실존했던 군인이자 관료 히에로니무스 폰 뮌히하우젠 남작의 이름에서 유래했습니다.

뮌히하우젠 남작은 평소에 자신이 경험하지 못한 모험들을 마치 실제로 경험한 것처럼 꾸며서 사람들을 속이고 관심을 끌었습니다. 이 이야기를 바탕으로 루돌프 에리히 라스페가 『허풍선이 남작의 모험』이라는 책으로 출간했습니다.

뮌하우젠 증후군은 신체적 이상이 없음에도 타인의 관심을 받기 위해서 병에 걸렸다고 거짓말을 하거나 자해를 하는 정신 질환입니다. 주로 어린 시절 부모에게 충분한 애정을 받지 못한 사람에게서 잘 보이는 증상인데, 타인에게 사랑을 받으려는 욕구가 이런 행동의 원인이 되기도 합니다.

리플리 증후군은 자신의 욕구 충족을 위해 범죄도 서슴지 않는 반면에, 뮌하우젠 증후군은 주로 타인의 관심이 주요 목적입니다. 그래서 오늘도 온라인에서는 관심을 받기 위해서 온갖 수단들이 동원되고 있는 실정입니다.

피터 팬 신드롬

✦

Peter pan syndrome

동화 『피터 팬』은 모두 잘 알 것입니다. 1904년 영국의 극작가 제임스 매슈 배리가 발표한 연극 〈피터 팬: 자라지 않는 아이〉를 1911년에 소설화했습니다. 피터 팬은 주인공 이름으로 영원히 나이 먹지 않는 아이입니다.

　피터 팬 신드롬은 현실 세계에서 성인이 되었어도 스스로 어른임을 인정하지 않고 타인에게 의존하고 싶어 하는 심리를 말합니다. 1983년 미국의 임상 심리학자 댄 카일리가 『피터 팬 증후군: 어른이 되지 않는 사람들』이라는 책을 출간하면서 이름이 붙었습니다.

처음에는 1970년대 여권 신장으로 남자들의 사회경제적 힘이 약해지고 점점 더 남에게 의존하는 성인 남자가 많아지자 남성에게 적용되었습니다. 현재는 성별에 관계없이 타인에게 심각하게 의존하는 성인을 일컫습니다.

신체는 어른이 되었지만 그에 따른 책임과 역할을 거부하고 어린아이의 심리 상태로 머무르고자 하는 심리적 퇴행 상태에 빠진 어른들의 의식과 행태를 말합니다.

우리나라에서도 부모의 곁을 떠나지 못하고 경제적이나 심리적으로 의존하는 이른바 마마보이, 헬리콥터족, 캥거루족이 있습니다. 중국에서는 컨라오족, 영국과 캐나다에서는 부메랑족, 키퍼스라고 부릅니다.

롤리타 콤플렉스

✦

Lolita complex

롤리타 콤플렉스는 미성숙한 소녀에 대한 동경과 성적인 집착을 보이는 현상을 말합니다.

러시아 출신의 미국 작가 블라드미르 나보코프의 소설 『롤리타』에서 유래한 용어입니다. 이 책은 1955년 프랑스에서 발간되었으나 금서로 지정되었고, 1958년 미국에서 재출간되어 화제가 되었습니다. 이 소설을 바탕으로 1967년 스탠리 큐브릭 감독, 1997년 에이드 리언 라인 감독이 영화로도 제작했습니다.

소설에서 30대 후반의 험버트는 열두 살 소녀 롤리타를 사랑합니다. 그는 롤리타를 차지하기 위해 그녀의 엄마와 결혼한 뒤 살해합니다. 험버트는 롤리타와 육체관계를 맺지만 롤리타에 대한 강한 집착과 애정으로 끝내 파멸을 맞습니다.

사회적으로 이른바 '원조 교제' 문제가 심각한데 이 또한 롤리타 증후군이라 할 수 있겠습니다.

도덕적 면허 효과

✦

Moral licensing effect

도덕적 면허 효과는 도덕적 우월감을 가진 사람이 도덕적으로 더 부도덕해지기 쉽다는 이론입니다.

평소 선행을 하거나 도덕적인 행동을 많이 한 사람은 자기 우월성에 빠져 '나는 선하다'라는 자기 정당화를 하기 쉽습니다. 즉, 착한 일을 많이 했기 때문에 어느 정도의 나쁜 일을 해도 괜찮다는 심리를 갖는다는 것입니다.

미국 미시간주립대학교의 러셀 존슨 교수는 판매, 제조, 교육 관련 기업의 관리자 172명을 관찰해 직장 상사들이 '갑질' 하는 이유를 분석한 논문을 발표했습니다. 대부분의 관리자들은 '윤리적'이라는 특징이 있었고, 그동안의 선한 행위를 통해서 도덕성에 대한 자기 우월성이 있어 부하 직원들에게 갑질을 해도 당연한 것으로 여긴다는 것입니다. 또한 이 연구에서는 친환경 제품을 구매한 사람들이 그 후에 더 이기적인 행동을 하는 것으로 나타났다고도 합니다.

그런 사례들은 사회 전 분야에 걸쳐 다양하게 벌어지고 있습니다. 예를 들어 기업들은 친환경, 윤리 경영, 사회 공헌 등과 같은 '기업의 사회적 책임'을 내세웁니다. 미국의 경제 전문지 『포춘』이 선정한 500대 기업을 대상으로 연구한 결과 사회적 책임에 투자를 많이 한 기업들이 나중에는 무책임한 행동을 한다고 합니다.

봉사도 열심히 하고 헌금도 많이 내는 신실한 신앙인이 탈세나 여타 범법 행위를 저지르고, 진보적이고 사회적인 책임의식을 가진 시민단체 내에서 벌어지는 성추행과 공금 유용 같은 일탈 행위가 벌어지는 것도 도덕적 면허 효과와 무관하지 않은 것 같습니다.

베르테르 효과

+

Werther effect

베르테르 효과는 사회적으로 존경받거나 유명한 사람의 죽음, 특히 그가 자살한 경우 그 인물을 자신과 동일시해서 자살을 시도하는 현상을 말합니다. 모방 자살Copycat suicide effect, 전염 자살이라고도 합니다.

1774년 독일의 문호 괴테는 소설 『젊은 베르테르의 슬픔』을 출간했습니다. 자신이 실연당한 경험을 바탕으로 썼습니다. 소설에서 주인공 베르테르는 샤를로테라는 여인을 사랑했습니다. 약혼자가 있던 로테는 베르테르의 구애를 거절합니다. 좌절한 베르테르는 권총으로 자살합니다.

당시 유럽에서는 많은 젊은이가 소설 속 베르테르에게 열광하면서 그의 옷차림을 따라서 한다거나 그의 고뇌에 공감했습니다. 심지어 그의 자살에 공감한 모방 자살자가 많아졌습니다.

이렇게 유명인이 자살했을 때 이를 모방해 자살하는 사람이 급증하는 현상을 보고, 1974년 미국의 사회학자 데이비드 필립스가 '베르테르 효과'라고 이름 붙였습니다. 엘비스 프레슬리, 마이클 잭슨, 장국영 등 유명 연예인의 죽음 뒤에 모방 자살자가 많이 나타나는 현상을 볼 수 있었습니다.

한편 다국적 기업 '롯데lotte'의 사명은 여주인공 샤를로테 charlotte에서 따왔다고 합니다.

오셀로 신드롬

✦

Othello syndrome

오셀로 신드롬은 증거 없이 배우자가 불륜을 저지른다고 의심하고, 자신이 배우자로부터 피해를 받고 있다고 느끼는 증상을 뜻합니다. 일반적으로 의부증과 의처증을 말합니다. 셰익스피어의 4대 비극 중 하나인 『오셀로』에서 유래했습니다.

　오셀로는 무어인 출신의 용병으로 베네치아에서 태생의 한계를 극복하고 장군에 오릅니다. 그는 베네치아 원로의 딸 데스데모나와 사랑하게 되고 결혼까지 합니다. 그러나 그는 부하 이아고의 음모에 속아서 정숙한 부인 데스데모나를 의심하고 질투하다가 결국 살해하고 맙니다. 그 후 모든 진실을 알게 된 오셀로는 자살로 생을 마감합니다.

무어인은 이베리아반도와 북아프리카에 살던 이슬람계로 검은 피부를 가졌습니다. 오셀로는 이런 무어인이라는 사실과 과거 노예 생활을 한 콤플렉스가 있었습니다. 작품에는 특히 그가 인종 차별을 당한 경험이 많이 나오는데, 이런 것 때문에 열등감을 갖고 있었습니다.

오셀로 신드롬이 왜 생기는지 원인에 대해서는 특정한 것이 없습니다. 하지만 대체적으로 편집증 증상이 있거나 독점력이 강한 사람들, 자존감이 낮거나 혹은 알코올 중독이나 조현병을 가진 사람에게서 많이 나타납니다. 어떤 사람들은 배우자가 의부증이나 의처증을 보이는 것이 자신을 너무 사랑해서라고 생각하기도 하는데, 이는 하루 빨리 치료를 시작하는 것이 현명한 일입니다.

오이디푸스 콤플렉스와 엘렉트라 콤플렉스

✛

Oedipuskomplex / Electra complex

오이디푸스 콤플렉스는 정신의학자 지그문트 프로이트가 제시한 정신분석학 개념으로, 남자아이가 아버지에게 적대적인 감정을 보이고 어머니에게는 사랑을 느끼는 복합적인 감정을 말합니다. 그리스 로마 신화 오이디푸스 이야기에서 유래했습니다.

테바이의 왕 라이오스는 탄생하는 왕자가 장성하면 자신의 생명을 위협할 것이라는 신탁을 받습니다. 그래서 왕은 태어난 왕자를 산속에 버렸습니다. 왕자는 코린토스의 왕에게 입양되어 오이디푸스라는 이름을 갖게 됩니다. 오이디푸스는 '부어오른 발'이라는 뜻으로, 아기로 버려졌을 때 다리가 나무에 묶여서 심하게 부어 부상을 입은 상태였습니다.

오이디푸스는 장성해 길을 가다가 테바이의 왕이자 자신의 친부인 라이오스를 만났습니다. 하지만 시비 끝에 라이오스를 살해하고 맙니다. 테바이는 왕의 죽음과 스핑크스의 공포로 혼란스러웠습니다. 오이디푸스는 테바이로 가서 공포의 스핑크스가 낸 문제를 해결하고 왕위에 오릅니다. 그는 왕비였던 자신의 친모 이오카스테와 결혼해 형제와 자매를 낳게 됩니다.

유명한 스핑크스의 수수께끼는 '아침에는 네 발, 낮에는 두 발, 저녁에는 세 발로 걷는 동물이 무엇이냐'는 것이었습니다. 정답은 사람입니다. 결국 나중에 모든 진실이 드러나자 친모 이오카스테는 자살하고, 오이디푸스는 스스로 두 눈을 찌르고 딸 안티고네와 방랑길에 오르게 됩니다.

오이디푸스 콤플렉스는 이성의 어머니에게 느끼는 '성적 매력', 부모가 나 아닌 타인에게 주는 관심과 사랑에 대한 '질투', 아버지와 자신을 '동일시', 성적인 것에 대한 '죄책감' 등의 특성으로 나타납니다. 대부분의 사람은 오이디푸스 콤플렉스를 극복하면서 사회 구성원의 일원으로 거듭난다고 합니다.

엘렉트라 콤플렉스도 프로이트의 이론에서 근거한 개념으로

카를 융이 소개했습니다. 오이디푸스 콤플렉스와 반대로 여자아이가 아버지에게 강한 애정을 느끼고 어머니에게 경쟁의식을 느끼는 것을 말합니다. 그리스 로마 신화에서 미케네의 왕 아가멤논의 딸 엘렉트라에서 유래합니다.

아가멤논은 트로이 전쟁에서 돌아오자마자 자신의 왕비와 그녀의 정부에게 살해당합니다. 이에 딸 엘렉트라는 동생 오레스테스와 함께 자신의 어머니인 왕비와 그의 정부를 죽이고 복수한다는 이야기입니다.

아도니스 증후군과 나르시시즘

✦

Adonis syndrome / Narcissism

아도니스 증후군은 남성의 외모 집착증을 뜻합니다. 그리스 로마 신화에 나오는 잘생긴 청년 아도니스의 이름에서 유래했습니다.

아도니스는 미의 여신 아프로디테의 사랑을 받습니다. 하지만 전쟁의 신 아레스의 미움을 받아 죽임을 당합니다. 아도니스의 죽음을 안타까워한 아프로디테는 그를 아네모네 꽃으로 피어나게 합니다.

아도니스 증후군은 2001년 하버드대학교 의대 교수 해리슨 포프의 저서 『아도니스 콤플렉스』에 처음 등장합니다. 미국 내에는 300만 명 이상의 남성이 근육질 몸매를 가꿔야 한다는 강박관념에 빠져서 우울증과 섭식 장애, 데이트 기피증 등 여러 증상을 앓는다고 합니다. 아도니스 증후군을 보이는 사람은 외모를 치장하면 자신의 가치가 올라간다고 착각하는데, 대체로 자존감이 낮고 자기 비하를 하는 태도를 보입니다.

외모 집착증은 남성만의 문제가 아닙니다. 많은 여성도 외모에 집착하며 신체 이형 장애를 앓기도 합니다. 신체 이형 장애는 외모 강박증으로 신체에 아무 문제가 없거나 있더라도 아주 사소한 신체의 결함에 집착하는 경우를 말합니다.

나르시시즘은 자기 자신을 애착하는 왜곡된 자기애라고 할 수 있습니다. 그리스 로마 신화의 나르키소스라는 미소년 이름에서 유래했습니다.

나르키소스는 잘생긴 외모로 많은 젊은이에게 흠모를 받았으나 누구의 사랑도 받아주지 않았습니다. 심지어 요정도 그에게 빠졌으나 사랑을 받아주지 않아 스스로 목숨을 끊었습니다. 이에 다른 요정들이 복수의 신 네메시스에게 복수를 요청했고, 네메시스는 나르키소스가 연못에 비친 자기 모습을 사랑하게 되는 벌을 주었습니다.

어느 날 연못에 비친 자기 모습을 보고 사랑에 빠진 나르키소스는 하염없이 자기 모습을 바라보다 죽어버렸습니다. 그가 죽은 자리에 하얀 수선화 꽃이 피어났습니다. 그래서 수선화 꽃말이 자기 사랑입니다.

나르시시즘은 1899년 독일의 정신과 의사 폴 네케가 만든 말로 자신을 애무하면서 쾌감을 느끼거나, 거울 앞에서 자신의 모습을 황홀하게 쳐다보는 현상을 가리킵니다. 프로이트가 이를 정신분석학에 도입하면서 자신을 리비도의 대상으로 여기는 일종의 인격적 장애로 보았습니다. 리비도는 프로이트가 사용한 용어로 성적 충동이나 욕망이라고 합니다. 즉 나르시시즘은 지나치고 왜곡된 자기 사랑이라고 하겠습니다.

가면 증후군

✦

Imposter syndrome

가면 증후군은 자신의 성공을 노력이 아닌 운으로 돌리고, 자신이 주변 사람들을 속여왔다고 생각하는 불안 심리를 말합니다. 1978년 미국 조지아주립대학교 심리학과 교수 폴린 클랜스와 수잔 이매스가 처음 제시한 개념입니다. 자신을 사기꾼이라고 여긴다고 해서 '사기꾼 증후군'으로 부르기도 합니다.

주로 성공한 여성들에게서 많이 나타나는데, 극도의 자기 우월주의와 '나는 사기꾼'이라는 생각 사이에서 흔들리며 감정의 줄타기를 합니다. 정작 사회적으로는 총명하고 충분한 실력이 입증되었음에도 자신은 그 자리에 있을 자격이 없고, 언젠가는 가면이 벗겨져서 자신의 정체가 드러날까 두려워합니다.

가면 증후군은 타인의 높은 기대 속에서 실패의 두려움을 겪을까 봐 사전에 충격을 완화하려는 '방어 기제'의 일환입니다.

"내가 무언가를 더 잘해낼수록 내가 무능력하다는 느낌이 더 커진다. 시간이 지나면 사람들이 나의 무능력을 알게 될 것 같고, 내가 이뤄낸 것들을 인정받지 못하게 될 것 같다. 나는 사람들이 나에게 기대하는 것처럼 살 수 없을 것 같다."

할리우드 배우 엠마 왓슨이 한 인터뷰에서 자신은 가면 증후군을 앓고 있다며 한 말입니다.

므두셀라 증후군과 순교자 증후군

✦

Methuselah syndrome / Martyr syndrome

므두셀라 증후군은 과거의 나쁜 기억들을 지워버리고 좋은 것만 기억하려는 기억 편향성을 말합니다.

성서 「창세기」에 나오는 므두셀라는 가장 장수한 인물로 무려 969세까지 살았습니다. 그는 에녹의 아들이고 노아의 방주에 나오는 노아의 할아버지입니다. 므두셀라는 나이가 들수록 과거를 회상했고, 좋았던 기억의 과거로 돌아가고 싶어 했습니다.

므두셀라 증후군은 그의 이름에서 유래했으며, 현실에서 도피하고 과거를 미화하면서 향수에 젖는 일종의 퇴행 심리입니다. 드라마나 마케팅에서도 복고적인 내용으로 사람들의 향수를 자극하는 경우가 많습니다. 이를 레트로 마케팅이라고 합니다.

반대로 과거의 나쁜 기억만을 갖고 부정적으로 생각하는 순교자 증후군이 있습니다. 자기가 믿는 신앙을 지켜내기 위해서 목숨을 바쳤던 순교자처럼 자신을 희생자이자 피해자라고 생각합니다. 순교자 증후군을 가진 사람은 자신을 자책하거나 우울감에 빠질 수 있습니다. 이 증세가 심해지면 부정적인 생각이 지속되면서 과거에 자신을 괴롭혔던 사람에게 복수하려는 위험한 상황에 빠질 수도 있습니다.

에펠탑 효과

✦

Eiffel tower effect

에펠탑 효과는 쉽게 말하면 '볼수록 정이 든다'는 것입니다.

1889년 프랑스 혁명 100주년과 파리 박람회를 기념하기 위해서 알렉상드르 귀스타브 에펠이 건립한 에펠탑은 처음 계획할 때부터 많은 시민의 반대에 부딪쳤습니다. 완공되고 나서도 흉물이라 불리면서 파리 시민, 특히 지식인들로부터 조롱과 외면을 받았습니다.

하지만 지금은 어떻습니까. 전 세계인의 사랑을 받는 관광 명소로 누구나 한번쯤 방문하고 싶어 하는 장소가 되었습니다. 이처럼 처음에는 좋지 않던 것도 계속 보다 보면 호감이 드는 심리를 에펠탑 효과라고 합니다. 단순 노출 효과mere exposure effect라고도 합니다.

흔히들 매체에서 광고를 계속 반복해 보여주다 보면 친숙함이 생겨 제품을 구매하게 된다고 합니다. 길거리에서 우연히 연예인을 마주치면 처음에는 어디에서 본 친숙한 사람이라고 느꼈을 것입니다. 정치인이나 유명인들이 기를 쓰고 언론에 노출하려는 의도나 제품들의 간접광고PPL도 이런 효과 때문입니다.

잠재의식 메시지

+

Subliminal message

잠재의식 메시지는 사람이 의식하지 못하는 사이에 미세한 메시지를 보내는 것을 말합니다.

미국의 비평가 반스 팩커드는 1957년 『숨은 설득자』라는 베스트셀러 책에서 미국 광고에 미디어 조작이 있다고 발표했습니다. 영화나 텔레비전 화면에 간격이 매우 짧은 순간적인 이미지를 넣어서 사람들이 인식하지 못하는 사이에 영향을 미친다고 주장했습니다. 예컨대 영화 속에 삽입한 아이스크림의 순간적인 이미지를 관객은 인식하지 못하지만, 극장에서는 아이스크림의 판매가 급격하게 증가했다는 것이 패커드의 주장입니다.

또 캐나다의 커뮤니케이션학 교수 윌슨 브라이언 키는 1974년 『잠재의식 광고』라는 책을 네 권으로 출간하면서, 광고의 얼음 조각 속에 성적 이미지를 숨긴다거나 제품이나 광고에 섹스sex 같은 성적인 단어를 집어넣는다고 주장 했습니다.

키는 또 1973년에 개봉된 영화 〈엑소시스트〉를 보면서 일부 관람객이 구토하거나 졸도해 응급실에 실려 간 이유도 48분의 1초 동안 무서운 얼굴이 담긴 장면을 삽입했기 때문이라고 말했습니다. 그의 주장에 따라 미국 연방통신위원회는 조사에 착수했지만, 잠재의식 광고의 효과를 입증할 만한 증거는 찾지 못했습니다. 하지만 미 연방통신위원회는 공익에 반한다는 이유로 방송국에 잠재의식 광고를 없애라고 경고했습니다.

광고뿐만 아니라 대중음악에서도 섹스나 폭력에 관한 잠재의식 메시지를 담아서 판매해 논란이 되었습니다. 1985년 청소년 두 명이 헤비메탈 밴드 주다스 프리스트의 노래를 듣고 자살을 시도했습니다. 이 사건의 원고들은 법정에서 앨범에 '악마 숭배'와 '자살 교사'의 잠재의식 메시지가 숨어 있다고 말했습니다. 음반 제작사인 CBS는 부인했으나, 법원의 원본 제출 명령에 원본을 분실했다는 핑계를 대며 이행하지 않았습니다.

스키마 이론

✦

Schema theory

교통사고가 났습니다. 아버지는 현장에서 즉사했고, 아들은 병원으로 이송되었습니다. 의사가 소년의 수술을 집도하기 직전에 "수술할 수 없습니다. 이 아이는 내 아들입니다"라고 소리쳤습니다. 어떻게 된 일일까요?

심리학자 미카엘라 워프먼과 데버러 벨이 학생 300명에게 낸 수수께끼 실험입니다. '아버지가 친부가 아니다' '게이 부부다' '의사가 정신이 나갔다' 등의 다양한 답이 나왔습니다. 정답은 '의사는 소년의 어머니였다'입니다. 실험 참가자 중 약 15퍼센트만

정답을 맞혔습니다.

　이처럼 의사는 당연히 남자일 것이라고 생각하는 '인지적 사고 틀'을 바로 스키마라고 합니다.

　아서 프리먼과 로즈 드월프는 『그동안 당신만 몰랐던 스마트한 실수들』에서 "우리의 스키마는 세상을 바라보는 안경과 같다. 당신의 안경이 보라색 렌즈로 되어 있다면 세상은 보랏빛으로 투영될 것이다"라고 했습니다. 즉, 스키마는 사람들이 가지고 있는 고정관념과 편견이라고 하겠습니다.

몰개성화

✦

Deindividuation

몰개성화는 개인이 집단에 속하게 되면 개인의 특성을 잃어버리고 집단에 융화되는 심리 상태를 말합니다. 1895년 프랑스 의사 귀스타브 르 봉이 『군중심리학』이라는 책에서 프랑스 혁명 당시 참여한 군중들의 폭력적인 심리 상태를 분석하고자 처음 제시한 이론입니다.

사람들은 익명성이 있거나 군중에 속하면 일부 그룹이 시작한 극단적인 행동을 대부분 따라 합니다. 1971년 스탠퍼드대학교의 심리학 교수 필립 짐바르도가 감옥 실험에서 처음으로 '몰개성화'

로 이름 붙였습니다. 그는 집단에 함몰된 개인이 자기 통제력을 상실하고 반사회적 행동으로 이어질 수 있음을 경고했습니다.

흔히 예비군복만 입으면 태도가 불량해진다고 합니다. 원래 제복을 입으면 절도가 있고 조심스러워지는 데 반해 예비군복은 좀 다른 것 같습니다. 예비군복이라는 익명성에 기대어 평소에 억제했던 말과 행동이 나오는 것으로, 이 또한 '몰개성화'라고 하겠습니다.

내성 착각

✦

Introspection illusion

자신의 정신 상태를 자신이 잘 아는 통찰력이 있다고 믿고 착각하는 것을 말합니다. 여기에서 내성內省은 스스로 돌아보고 성찰한다는 의미입니다. 미국 프린스턴대학교의 심리학자 에밀리 프로닌이 이름을 붙였습니다.

내성 착각은 자신에게 유리하게 사고하는 방식으로, 나는 내 자신을 잘 알지만 다른 사람들의 자기성찰 능력은 믿을 수 없다고 생각하는 상태를 말합니다.

1997년 미국인을 대상으로 유명인들이 천국에 갈 확률이 어느 정도라고 생각하는지 조사했습니다. 응답자들은 빌 클린턴 52퍼센트, 다이애나 황태자비 60퍼센트, 오프라 윈프리 66퍼센트, 마더 테레사 79퍼센트라고 했고, 자기 자신은 천국에 갈 확률이 87퍼센트라는 결과가 나왔습니다.

자신의 실제 능력이나 성취에 기반 하지 않고 주어진 좋은 환경에서 자라서 비현실적인 자신감을 갖고 있는 사람들이나, 입신양명해 특권 의식을 가진 사람들이 내성 착각에 빠지기 쉽습니다. 그들은 자신들이 누리는 풍족한 특권이 지나치다거나 행운 덕분이라는 생각은 없고, 당연히 누려야 하는 것으로 정당화합니다.

램프 증후군

Lamp syndrome

램프 증후군은 일어날 가능성이 없는 일이나 해결할 수 없는 일에 대해 걱정하고 불안해하는 심리 용어입니다. 한마디로 '걱정도 병이다'라는 말이 적용되는 증상입니다. 『아라비안 나이트』에 나오는 「알라딘과 요술램프」에서 유래한 용어입니다.

「알라딘과 요술램프」는 주인공 알라딘이 마법사에게 속아 동굴 속에서 고생 끝에 램프를 소유하게 되며, 램프의 요정 지니가 알라딘의 어려움을 해결하고 소원을 들어준다는 이야기입니다. 램프 증후군은 알라딘이 램프의 요정을 불러내듯이 현대인들이 수시로 근심과 걱정을 불러내 불안해하는 심리 현상을 말합니다.

일상이 단조로웠던 과거에 비해 복잡해진 현대 사회에서는 예측할 수 없는 사고가 발생하는 것이 사실입니다. 하지만 거의 가능성이 없는 것을 두고 꼬리에 꼬리를 물듯이 미리 걱정을 만들어내는 현대인의 심리 상태는 범불안 장애에 해당하며 치료를 받아야 합니다.

대중의 불안해하는 심리를 마케팅에서 이용하기도 합니다. 담배 케이스에 질병 관련 사진을 넣어 흡연 욕구를 떨어지게 하고 있습니다. TV 홈쇼핑에서는 제품의 수량이 얼마 남지 않아 사지 못할 수 있다는 식으로 불안감을 자극해서 판매를 유도합니다.

블랭킷 증후군

✦

Blanket syndrome

블랭킷 증후군은 특정 물건에 애착을 갖고 그 물건이 없으면 불안해하고 안절부절하지 못하는 증상을 말합니다. 담요, 인형, 베개, 장난감 같은 것에 의존증을 보입니다.

만화《피너츠》에 나오는 라이너스의 행동을 따서 만든 이름으로, '라이너스 증후군'이라고도 합니다.《피너츠》는 스누피와 그의 친구들 이야기를 그린 작품인데, 주인공 스누피의 친구인 라이너스는 항상 담요를 옆에 끼고 있습니다.

아이들은 엄마에게서 떨어지면 불안감을 느끼고 담요나 인형

같은 포근한 물건을 통해서 심리적인 안정을 찾으려 합니다. 보통 3세 정도까지 인형이나 특정 물건에 집착하는데, 이는 자연스러운 일입니다. 하지만 만 5세 이후에도 계속 특정 물건에 집착한다면 유의해서 잘 관찰하고 전문가와 상의하는 것이 좋습니다.

아이에게 애착 성향이 있더라도 아이가 안 보는 틈을 타서 애착물을 버린다든지 숨기는 행동은 위험합니다. 아이가 집착할 대상을 잃어버려 극심한 스트레스에 시달리고, 분리 불안 장애로 이어질 수도 있습니다.

어른이 되어서도 마찬가지로 특정 사물에 의존하는 현상이 나옵니다. 현대인들이 사용하는 스마트폰에 대한 집착이 그 예입니다. 꽤 많은 사람이 스마트폰에 의존하고 있으며, 없으면 불안해하기도 합니다. 특히 스마트폰과 소셜 네트워크 서비스SNS의 관계는 떼어놓을 수 없는데, 다른 사람의 관심을 받고 싶어 하는 SNS 중독이 심해지는 현상으로 이어지기도 합니다.

스마일 마스크 증후군

✦

Smile mask syndrome

겉으로는 밝게 웃지만 속으로는 우울감이 심한 상태를 말합니다. 특히 현대 사회에서 서비스업에 종사하는 감정노동자들에게 많이 보이는 정신 질환입니다. 인기에 대한 압박이 심한 연예인이나 고객을 많이 상대하는 영업 사원들에게서도 자주 발생합니다.

일본 오사카쇼인여자대학교 나스메 마코도 교수가 처음 사용한 용어입니다. 그는 일본의 서비스업에 종사하는 여성들이 언제나 미소를 짓고 속으로는 스트레스와 분노를 감추고 있다는 사실을 알게 되었습니다. 일본인 특유의 겉(타테마에) 다르고 속(혼네)

다른 습성 때문인지, 일본에서 처음으로 제시된 용어입니다. 오늘날 우리 사회의 많은 감정노동자가 처해 있는 실정입니다.

한편으로는 '가면 우울증'과 비슷하지만, 가면 우울증은 겉으로 명랑한 척하지 않는다는 차이가 있습니다. 스마일마스크 증후군은 식욕 감퇴, 성욕 저하, 불면증, 무력감 등의 증상을 동반하며, 극단적인 선택을 할 수도 있어서 사회적으로 적극적인 관리가 필요한 질환입니다.

파랑새 증후군

✦

Bluebird syndrome

파랑새 증후군은 현실에 만족하지 못하고 새로운 이상만을 찾는 병적인 증상을 뜻합니다. 벨기에 작가 모리스 마테를링크의 동화극『파랑새』에서 유래했습니다.

책에서 주인공 틸틸과 미틸 남매는 꿈속에서 요술쟁이 할머니로부터 파랑새를 찾아달라는 부탁을 받고 온갖 곳을 돌아다닙니다. 남매는 끝내 파랑새를 찾지 못한 채 집으로 돌아오고, 꿈에서 깨어납니다. 그리고 그토록 찾아 헤매던 파랑새가 자신들의 새장 속에 있다는 것을 알게 됩니다. 행복을 상징하는 파랑새는 먼 곳에 있지 않다는 내용입니다.

파랑새 증후군은 현실에 만족하지 못하고 막연하게 미래의 행복만을 꿈꾸는 것입니다. 주로 현대 사회의 직장인들에게 나타나는 증상입니다. 현재 자신의 직업에 만족하지 못하고, 일에 대한 의욕이 없고, 늘 피로감을 느끼며 현실을 부정하면서 미래의 이상만을 꿈꾸는 증상을 보입니다.

앨저 콤플렉스

✦

Alger complex

앨저 콤플렉스는 '개천에서 용 난다'는 속담처럼 밑바닥에서 성공을 향한 욕망이 팽배해 있는 상태를 말합니다.

1832년생인 허레이쇼 앨저는 미국의 작은 마을 목사였으나 소년들을 대상으로 한 동성애 추문 때문에 교단에서 추방당해 뉴욕으로 이주합니다. 이후 1867년 『가난한 딕』을 비롯해서 『구두닦이 톰』, 『행운과 용기』, 『빠져 죽을 것이냐 수영할 것이냐』 등 자기계발 소설을 120권 넘게 집필해 대성공을 거둡니다.

앨저의 소설은 제목과 주인공, 배경만 다를 뿐 이야기 전개와

메시지는 거의 흡사합니다. 작은 마을의 가난한 소년이 행운을 잡기 위해 대도시로 나와서 근면, 노력, 절약, 인내, 정직으로 부자가 된다는 내용입니다.

비록 비평가나 전문가들에게는 쓰레기 취급을 받았지만, 그의 소설들은 공전의 히트를 치면서 미국인들을 매료시켰습니다. 앨저의 소설은 아메리칸 드림을 의인화는 데 성공했고, 그 시절 미국 기업가들에게는 모든 경제학 교수들을 합한 것보다 더 큰 영향을 미쳤다고도 합니다.

교육학자 로렌스 피터는 앨저가 '하면 된다'라는 불굴의 의지를 가진 주인공의 성공 스토리로 대성공을 거둠으로써 노력의 유용함을 과장하는 심리 상태가 미국인들에게 만연해 있다며, 이를 '앨저 콤플렉스'라고 했습니다.

1947년 '탁월한 미국인들의 허레이쇼 앨저 협회'가 만들어졌습니다. 이 협회는 매년 허레이쇼 앨저 상을 수여하는데, 수상 대상자는 자수성가한 인물입니다. 1993년 수상자는 빈곤의 늪에서 자라나 미국 토크쇼의 여왕으로 등극한 오프라 윈프리였습니다.

리셋 증후군

✦

Reset syndrome

컴퓨터를 리셋하듯이 현실도 리셋이 가능할 것이라고 착각하는 사회적 병리 현상을 말합니다.

　1997년 일본 고베시에서 14세의 중학생이 초등학생을 토막 살인한 끔찍한 사건이 일어나 세계를 놀라게 합니다. 그는 컴퓨터 게임광으로 "자, 게임이 시작되었다. 미련한 경찰 여러분, 나를 좀 멈춰줘. 나는 살인이 즐거워 견딜 수 없어"라는 그의 쪽지를 시신 일부와 함께 두기도 했습니다. 이때부터 리셋 증후군이라는 용어가 널리 알려지게 되었습니다.

리셋 증후군은 현실과 가상세계를 구분하지 못하고, 자신의 마음에 들지 않는 일이나 인간관계를 마치 컴퓨터를 리셋하듯이 쉽게 저버리고 새로운 관계를 찾아 나서는 현상을 보입니다.

방관자 효과

✦

Bystander effect

방관자 효과는 주위에 사람이 많을수록 어려움에 처한 사람을 돕지 않을 가능성이 더 높아지는 현상을 말합니다.

1964년 미국 뉴욕 주택가에서 제노비스라는 여성이 강도의 칼에 찔려 사망한 사건이 일어났습니다. 제노비스는 약 35분 동안 세 번에 걸쳐 칼에 찔려서 비명을 지르며 이리저리 피했지만 죽음을 면치 못했습니다.

2주 후에 『뉴욕타임스』가 당시 살인을 목격한 사람이 38명이었지만 아무도 경찰에 신고하지 않았다는 자극적인 제목으로 기사를 실으면서 화제가 되었습니다. 목격자들은 신고하지도 않았고 고함도 치지 않았으며, 구조의 손길도 보내지 않았다고 합니다. 목격자 모두 누군가 다른 사람이 이미 경찰을 불렀을 것이라고 추측했기 때문에 이런 비극적인 결과를 낳았습니다. 이것이 방관자 효과입니다.

사회심리학자 존 달리와 빕 라탄이 제노비스 사건에 자극받아 방관자 효과라는 개념을 제시했습니다. 그들은 방관자 효과가 일어나는 배경에 '책임감 분산diffusion of responcivility'이 있다고 지적했습니다. 자신이 아니라도 누군가는 도움을 주겠지, 하는 심리적 요인 때문에 자신의 책임을 회피하는 것을 말합니다.

두 사람은 실험을 통해서 이를 확인했습니다. 그들은 한 학생이 간질 발작을 일으키는 상황을 만들어, 주위 사람이 얼마나 도움을 주는지 관찰했습니다. 혼자 있을 때는 85퍼센트가 도움을 주었고, 두 명이 있을 때는 62퍼센트, 네 명이 있을 때는 31퍼센트로 떨어지는 것으로 나타났습니다.

집단 따돌림이나 학교 폭력 문제도 이런 방관자 효과의 연장입니다. 누군가 해주겠지 미루지 말고 피해자에게 적극적인 도움의 손길을 내밀어야 합니다.

아포페니아

✦

Apophenia

아포페니아는 서로 연관성이 없는 현상이나 정보를 가지고 규칙이나 연결성을 찾아내려는 심리적인 개념입니다. 1958년 독일의 정신병리학자 클라우스 콘라트가 정신분열증 환자의 망상이 시작되는 특성을 아포페니아로 부르면서 시작된 용어입니다.

'아침에 까치가 울었는데 반가운 손님이 찾아왔다.' 까치와 손님의 방문은 아무 상관관계가 없는데도 사람들은 의미를 부여합니다. 또 '아침에 접시를 깨트렸는데 그날 하필이면 큰 교통사고가 났다'며 의식적으로 어떤 연결점을 찾으려고 노력합니다.

특히 시각적으로 착각하는 것을 '파레이돌리아pareidolia'라고 합니다. '한 낮에 하늘의 구름을 보았는데 예수상이 보였다'거나 '목욕탕 바닥 타일을 보다 보니 동물 형상이 보였다' 같은 것입니다.

아포페니아는 주로 주변 현상에서 특정한 의미를 찾아내고 믿는 행위들을 말합니다. 어쩌다 시계를 봤는데 4시 44분을 가리키고 있다든지 계단을 오르다 보니 13계단이었는데, 이런 것들을 가지고 불운이나 죽음을 떠올리기도 합니다.

고대로부터 별들을 임의의 선으로 연결해 의미를 부여하고 점을 치는 행위들도 상상력을 발휘해 만든 믿음입니다. 아포페니아를 잘 사용하면 인간의 창조성 발달에 도움을 주기도 하지만 환각이나 망상, 착란 등 조현병의 원인이 되기도 합니다.

가스등 효과

✦

Gaslight effect

가스등 효과는 미국의 심리치료사 로빈 스턴이 제시한 용어로, 상
대방의 행동과 정신을 통제하고 조종하는 심리적 지배 상태를 말
합니다. 스턴은 2007년에 출간한 책 『가스등 이펙트: 지금 누군가
가 나를 조종하고 있다』에서 상대방의 영향력 행사로 고통을 겪는
사람이 생각보다 많다고 밝혔습니다.

　가스등 효과는 1944년 잉그리드 버그만이 주연한 영화 〈가스
등〉에서 유래했습니다. 영화에서 여주인공 폴라는 그녀의 재산을
노린 남편의 계략으로 서서히 정신병자가 되어갑니다. 집안 어딘

가에 숨겨진 보석을 찾기 위해 남편이 몰래 다락방의 불을 켜면, 폴라의 방에 있는 가스등이 희미해집니다. 폴라가 가스등이 희미해진다고 남편에게 이야기하면, 남편은 그녀가 환각을 보는 것이라고 매도합니다. 폴라는 갈수록 혼란스러워지고 무기력해져 갑니다.

가스등 효과는 이처럼 강한 영향력을 가진 누군가가 상대방의 정상적인 사고를 방해하고, 자신의 조종과 영향력 아래 두는 정신적 학대라 할 수 있습니다. 가스라이팅gaslighting이라고도 하며, 보통 사람들의 일상적인 삶에서도 나타날 수 있습니다.

주로 사랑과 존경으로 맺어진 두 사람 사이에서 벌어지며, 대체로 가해자는 남성이고 피해자는 여성인 경우가 많습니다. 하지만 최근에는 모 여배우가 여러 명의 남자 연예인을 가스라이팅했다는 기사들도 볼 수 있듯이 성별에 구분 없이 모든 관계에서 나타날 수 있습니다.

과잉정당화 효과

✦

Overjustification effect

과잉정당화 효과는 자기 행동의 원인에 보상이 주어지면 오히려 흥미가 떨어지는 현상을 말합니다.

1970년대 미국 심리학자들이 초등학생들을 대상으로 그림을 그리거나 수학 문제를 풀었을 때 잘했다는 것을 알리는 리본 같은 것을 보상으로 주는 실험을 했습니다. 그랬더니 보상을 받은 아이들은 재미있게 하던 일에 급격하게 흥미를 잃어버렸습니다.

인간이 무엇을 할 때 스스로 내켜서 하는 것은 '내적 동기', 외부의 보상이나 처벌 때문에 하는 것은 '외적 동기'라고 합니다. 내적 동기로 하던 일에 보상이 주어지면 내적 동기가 약화되면서 흥미를 잃게 되며, 자기 행동의 원인을 보상으로 정당화합니다. 이를 그 정당화가 지나치다는 의미로 '과잉정당화 효과' 또는 보상이 오히려 역효과를 낸다고 해서 보상의 '구축驅逐 효과'라고 합니다.

1970년대 초까지 미국인들은 헌혈을 하면 현금으로 보상을 받았습니다. 반면에 영국의 헌혈자들은 자발적이었고, 국민보건 서비스에 따라 체계적으로 관리되었습니다. 두 시스템을 비교한 결과 영국 시스템이 혈액 부족 현상이나 혈액의 질에서 더 우수한 것으로 밝혀졌습니다. 자발적 시스템이 시장 기반 시스템보다 더 안전하고 효율적이라는 것입니다. 결국 미국도 자발적 시스템으로 전환했으며, 이후 질적이나 양적으로 헌혈이 증가했습니다.

이웃 효과와 대비 효과

✦

Neighbor effect / Contrast effect

인간의 행복은 비교에서 나옵니다. "부자란 그의 동서보다 많이 버는 사람을 가리킨다." 헨리 루이 멩켄의 말입니다.

2006년 한국 종합 사회 조사에서 계층별 체감 소득에 대해 물었습니다. 월 소득 500만 원대인 사람은 26.6퍼센트가 자신이 하위 계층이라고 생각하고, 400만 원대인 사람은 5.1퍼센트만 하위 계층이라고 생각한다고 답했습니다. 그리고 100만 원 미만 소득 계층에서는 61퍼센트가 스스로 중산층이라고 평가했습니다.

부자와 가난한 자는 비교 대상을 누구로 잡느냐에 따라서 달라질 수 있습니다. 부자 이웃을 두면 상대적으로 빈곤하다고 생각하고, 가난한 이웃을 두면 부유하다고 생각합니다. 이것이 바로 이웃 효과입니다. 공부를 잘하는 학생도 이웃집에 더 잘하는 학생이 있으면 주눅 들고 집에서도 좋은 소리를 못 듣습니다.

사람이나 사물을 평가할 때는 그 기준을 절대적 기준에 두지 않고 다른 대상을 기준으로 비교하면 쉽게 판단할 수 있습니다. 이를 대비 효과라고 합니다. 소개팅에 나갈 때 자신보다 멋진 친구를 데리고 나가면 상대적으로 자신의 아름다움이나 멋이 퇴색될 수 있으니 피하는 것이 좋을 것 같습니다.

한 실험에 따르면 사람들은 식품을 살 때는 1만 원을 절약하기 위해 20분 더 걷는 마트를 찾을 수 있지만, 150만 원짜리 양복을 149만 원에 사기 위해 20분을 더 걸어서 가는 백화점을 찾지는 않는다고 합니다. 동일한 20분과 동일한 1만 원인데도, 사람들은 대비 효과 때문에 그런 판단을 내린다고 합니다.

가방 업체 코치는 매장마다 초고가 상품 한두 개를 눈에 잘 띄게 가격을 붙여서 배치한다고 합니다. 다른 제품들이 상대적으로 싸다는 느낌을 주기 위한 대비 효과 때문입니다.

사회적 가면

✦

Social mask

사회적 가면은 상황을 조작해 인상을 관리하는 것을 의미하며, 사회생활을 하면서 환경에 따라 필요한 가면을 말합니다. 미국의 사회학자 어빙 고프만은 사회적 가면이 개인의 정체성과 관련 있다고 말하면서, '인상 관리impression management'라는 개념을 제시했습니다.

심판을 예로 들어보겠습니다. 야구 경기에서 심판이 투수가 던진 공을 정확하게 판단하기란 쉬운 일이 아닙니다. 시속 150킬로미터 내외의 공이 홈 플레이트까지 오는 데 걸리는 시간은 약

0.35초에 불과합니다. 그 짧은 시간에 심판은 결정을 내려야 하며, 심판이 주저하면 권위가 훼손됩니다. 그래서 심판은 극적인 제스처를 써가면서 큰소리로 판정을 내릴 필요가 있습니다. 이것이 일종의 인상 관리입니다.

교수가 학생들에게 보이고 싶어 하는 인상과 아내에게 보이고 싶어 하는 인상은 다를 것입니다. 코미디언이 자신의 프로그램이 아닌 상황에서 기자와 인터뷰할 때 진지하고 근엄한 표정으로 돌아가는 것도 마찬가지입니다.

권위를 유지하는 데에도 인상 관리가 절대적으로 중요합니다. 절대 우습게 보이면 안 되고, 권위를 행사해야 할 대상자와 거리를 두고 신비하게 보일 필요가 있습니다. 의사, 판사 같은 전문직 종사자에게는 필수입니다.

사람은 일생을 살아가면서 만나는 사람이나 상황에 따라서 마치 연기하듯이 인상 관리를 합니다. 어빙 고프만은 모든 상황에서 일관되게 나타나는 '정체성'은 존재하지 않고, '자아'가 있다면 다양한 모습의 조합된 성격에 지나지 않는다고 주장합니다.

주의력결핍 과잉행동장애

+

ADHD
Attention deficit hyperactivity disorder

ADHD는 주로 아동기에 나타나는 장애로 지속적으로 주의력이 부족해 산만하고 과다 활동, 충동성을 보이는 상태를 말합니다.

하버드대학교 의대 교수 에드워드 할로웰은 정확한 원인을 알 수 없으나 주의력결핍장애는 '마음속에 일어난 교통 체증'이라고 말합니다. 이 증상의 특징은 산만함, 초조함, 재촉, 충동적인 의사 결정 등인데 성인에게도 나타난다고 합니다. 주의력결핍장애가 '행동과다증'을 동반하면 ADHD입니다.

제레미 홀든은 ADHD가 정보통신 기술이 크게 발달한 지역이나 나라일수록 많이 나타난다면서 다음과 같이 말했습니다.

"다른 어떤 집단보다 10대 청소년 집단이 빠르게 빨아들이는 소셜 미디어 및 게임 산업의 번성과 함께 미국에서 주의력결핍장애와 과잉행동장애가 재앙적인 규모로 증가했다는 사실은 결코 우연이 아니다."

한편으로는 ADHD 치료제에 대한 논란이 많습니다. 미국 필라델피아 드렉셀대학교 의대 신경과학 연구진은 시중에 유통되는 메닐페니데이트, 리탈린, 콘서타 등의 치료제가 잘못 사용되면 뇌에 장애를 끼칠 수 있다는 연구 결과를 발표했습니다.

문제는 이런 약물들이 시험공부로 스트레스를 받는 청소년들에게 구세주처럼 사용된다는 것입니다. 해당 약물들이 단기간 내 암기 능력을 향상시키고 주의력과 계산 능력을 높여준다고 알려졌습니다. 이 때문에 고도의 집중력을 발휘해야 하는 미 공군 조종사들에게도 인기를 끌고 있다고 합니다.

그러나 미국을 비롯한 선진국에서 수많은 청소년에게 리탈린 등의 약물을 처방했지만, 상황이 호전될 기미가 보이지 않고 오히려 더 심각해졌다고 합니다. 조앤나 몬크리프는『영국의학저널』에 기고한 논문에서 ADHD는 질병이 아니라고 주장하며, '신경증' 약물 시장을 확대하기 위해 ADHD라는 꼬리표가 남발되고 있다고 비판했습니다.

2장

행동경제와 심리

침묵의 나선 이론

✦

The spiral of silence theory

침묵의 나선 이론은 자신의 생각이 다수에 속하면 의견을 표명하지만, 소수에 속하면 부정적인 평가나 고립을 염려해 침묵하는 현상을 말합니다. 1971년 독일의 사회학자 엘리자베스 노엘레 노이만이 제기한 이론입니다.

여론 형성 과정에서 다수 의견이 자기와 같으면 적극적으로 의견을 개진하지만 소수 쪽이면 침묵하면서 여론이 편향된 한 방향으로 흐릅니다. 이것이 마치 나선 형태와 같아서 침묵의 나선 이론이라고 이름 붙였습니다.

노엘레 노이만은 흡연자인 피실험자에게 흡연을 반대하는 영상을 보여주고 흡연에 대한 의견을 물었습니다. 이때 피실험자 주변에 흡연에 반대하는 사람들을 배치했는데, 피실험자는 흡연을 하면서도 자신의 의견을 제대로 말하지 못했습니다.

이런 현상은 여론 형성 과정뿐만 아니라 경제와 정치 여러 분야에서 나타나고 있습니다. 특히 사이버 공간에서 주류에 속하지 못하면 안 된다는 강박 관념이 SNS를 더욱 활발하게 만들고 있습니다. 또 일부 인플루언서가 여론의 형성 과정을 지배하면서 소수에 속한 의견을 더욱 침묵시키고 여론을 왜곡하며, 사실과 부합하지 않는 가짜 뉴스들이 활개를 치고 있습니다.

우리나라에서는 선거 날이 임박하면 후보자들의 지지율을 공개하지 못하도록 하고 있습니다. 이른바 밴드왜건 현상으로 승자 편에 서고 싶은 유권자들의 심리가 투표에 부정적인 영향을 미칠 수도 있기 때문입니다.

1961년 미국의 케네디 정부는 쿠바의 난민들로 구성된 반란군들을 훈련시켜 미국 중앙정보부CIA의 협조 아래 쿠바 피그스만을 침공했습니다. 결과는 무참할 정도의 실패로 나타났습니다. 이 사건으로 미국의 명예와 긍지는 땅바닥에 떨어졌고, 케네디도 '내가 어쩌다 이런 어리석은 계획을 추진했을까'라며 한탄했습니다.

이를 두고 미국의 심리학자 어빙 재니스는 '집단 사고group think'

라는 개념을 제시했습니다. 제니스는 자타가 인정하는 우수한 두뇌 집단이 어떻게 잘못된 결정을 내릴 수 있는지를 연구하면서 낙관론에 집단적으로 눈이 멀어버리는 현상이 나타난다고 주장했습니다.

침묵의 나선 이론은 집단 사고의 한 유형입니다. 집단 구성원들에게 따돌림당할 가능성을 우려해 입을 닫아버리는 것입니다. 케네디 정부의 브레인이었던 아서 슐레진저 2세는 당시 회의 분위기가 합의를 가장한 이상한 분위기로 흐르면서, 그 침공 계획에 의심을 품은 사람들이 있었지만 온건파라는 딱지가 붙을까 봐 두려워 입을 닫았다고 술회했습니다.

후광 효과

✦

Halo effect

1920년대 미국의 심리학자 에드워드 손다이크는 제1차 세계대전 중 미군 상사가 부하 군인들을 평가하는 방식을 연구하다 깜짝 놀랄 만한 결과를 얻었습니다.

상사들은 부하들을 평가할 때 '훌륭한 군인'이라고 생각하는 일부 병사들에 대해 모든 항목에서 높게 평가했습니다. 반대로 평균 이하로 생각하는 병사들에 대해서는 모든 항목에서 낮게 평가했다는 것입니다. 사람에 따라 잘하는 것도 있고 못하는 것도 있는 법인데, 어떻게 모든 것을 다 잘하고 모든 것을 다 잘못할 수가 있을까요?

손다이크는 평가자들이 어떤 군인이 미남이고 품행이 방정하면 다른 일들도 잘할 것이라고 생각한다는 점을 발견하고, 이를 '후광 효과'라고 불렀습니다. 즉, 어떤 사물이나 사람을 평가할 때 일부의 긍정적이거나 부정적인 특성만으로 전체적인 평가를 하는 비객관적인 심리 상태를 말하는 것입니다.

흔히들 '첫인상'이 중요하다고 말합니다. 하지만 첫인상으로 사람의 전체를 평가하는 것이 얼마나 무리인지 잘 알고 있겠지요. 사실 긍정적인 측면에서는 좋은 첫인상이 세상을 살아가는 데 많은 도움을 주기도 합니다.

우리는 드라마 속 남녀 주인공을 보면서 외모만 좋은 게 아니라 참 성격도 좋고 착할 것 같다는 착각에 빠지기도 합니다. 사실 실생활에서 그들이 어떤 모습인지는 알 수가 없습니다. 그럼에도 드라마에서 맡은 역할의 후광 효과 때문에 실제로도 착하고 좋은 성격을 가졌을 것이라고 종종 생각합니다.

특히 외모가 주는 후광 효과 때문에 한국에서는 성형 수술과 피부과가 인기가 있는 것 같습니다. 또 연예인 누가 왔다 간 음식점이라든지, 유명한 누가 입고 있는 옷이라든지 이런 것들은 스타의 명성과 인기라는 후광 효과를 이용해서 마케팅을 잘한 경우라고 할 수 있습니다.

요즘 중국이나 동남아시아에서 한국 상품들이 잘 팔린다고 합니다. 특히 화장품이나 식료품 등이 인기를 누리고 있는데, 이는 이른바 한류라는 후광 효과 덕분입니다. 드라마나 영화를 통해서 알게 모르게 한국에 대한 긍정적인 마음이 생겨서 한국을 동경하고 호감을 갖게 되었기 때문입니다.

취업 준비생들이 해외 어학연수, 봉사 활동, 토익 점수, 인턴 경험 등 스펙을 쌓는 것은 좋은 직장에 취업하기 위해서입니다. 이렇게 스펙을 쌓는 일련의 활동들도 결국 후광 효과를 보기 위한 사례라고 할 것입니다.

악의 평범성

✦

Banality of evil

제2차 세계대전 때 독일의 히틀러 정권 아래에서 자행된 유대인 학살은 끔찍하기 이를 데 없는 범죄입니다. 당시 학살된 유대인은 약 600만 명이며, 주로 나치 친위대가 학살을 행했습니다. 당시 유럽 여러 곳에 살던 유대인은 약 1100만 명 정도였는데, 절반이 넘는 유대인이 수용소에서 대량 학살을 당한 것입니다.

당시 학살을 주도했던 인물 중 한 명인 아돌프 아이히만은 친위대 중령으로 유대인을 학살한 혐의로 제2차 세계대전 후 수배를 받고 있었습니다. 그는 아르헨티나로 도망쳐서 15년간 숨어 살다가 이스라엘의 비밀 조직에 체포돼 이스라엘로 압송되었습니다. 1961년 아이히만이 이스라엘 법정에서 재판을 받게 되었는데, 이때 미국의 『뉴요커』라는 잡지는 이 재판을 취재하기 위해서 미국의 정치학자 한나 아렌트를 특파원으로 보냅니다.

한나 아렌트는 취재 후 『예루살렘의 아이히만』이라는 책을 써서 '악의 평범성'이라는 개념을 제시했습니다. 아렌트는 아이히만이 유대인 학살이라는 반인륜적 범죄를 저지른 것은 그의 타고난 악마적 성격 때문이 아니라, 아무 생각 없이 자신의 직무를 수행한 '사고력 결여' 때문이라고 주장했습니다. 아이히만이 학살을 저지를 당시 그는 히틀러와 친위대 사령관인 하인리 힘러, 그리고 직속상관으로 이어진 법적인 명령을 성실히 수행한 사람에 불과했다는 말입니다.

심지어 아이히만은 평소에 아주 착했고, 인간관계에서도 아주 도덕적인 사람이었습니다. 그는 자신이 저지른 범행에 대해 어떤 잘못도 느끼지 못했고, 자신이 받은 명령을 수행하지 못했다면 오히려 양심에 가책을 받았을 수도 있었다고 대답했습니다. 즉, 보통 사람이 당연하다고 여기고 평범하게 생각하는 일들이 악이 될 수도 있다는 것이 '악의 평범성'이라 하겠습니다.

이에 대해 심리학자 에리히 프롬은 '관료주의적 인간'의 문제를 제기했습니다. 아이히만은 관료의 극단적인 본보기를 보여주는 인물로 '그는 누구를 미워하지도 사랑하지도 않았다. 아이히만은 자신의 임무를 수행한 것뿐이다'라고 말했습니다.

악의 평범성은 우리 일상에서도 많이 나타납니다. 조직 문화 속에서 기계적으로 자신의 일을 수행하면서 자신이 수행한 일이 타인에게 어떻게 피해를 끼치고 문제가 되는지 모르는 경우가 있습니다. 특히 군대 조직과 같이 상명하복의 위계질서가 자리 잡은 곳에서는 더욱 심해집니다.

권위에 대한 복종

✦

『권위에 대한 복종』은 미국의 사회심리학자 스탠리 밀그램이 1974년 출간한 책의 제목이기도 합니다. 밀그램은 예루살렘에서 벌어진 나치 전범 아돌프 아이히만의 재판 소식을 듣고, 나치 치하의 독일인들이 어떻게 유대인 학살에 동조할 수 있었는지를 알고 싶어서 '권위에 대한 복종' 정도를 실험했습니다.

밀그램은 실험에 참가한 40명에게 목적을 알리지 않고 칸막이 너머의 학생들에게 문제를 내라고 합니다. 그리고 학생들이 문제를 틀릴 때마다 전기충격을 주고, 점점 그 강도를 높이라고 주문합니다. 칸막이 너머의 학생들은 실험 목적을 알고 있었고, 전기충격이 가해질 때마다 고통에 찬 소리를 지르는 연기를 했습니다.

참가자 대부분은 학생들에게 전기충격을 몇 번 준 뒤 그들이 괴로워하는 소리를 듣고 더는 할 수 없다는 의사를 표시합니다. 하지만 실험 주최자가 그 정도의 전기로는 사람이 죽지 않는다며, 모든 책임을 자신이 질 테니 계속하라고 말했습니다.

놀랍게도 그 이후에는 참가자의 65퍼센트가 칸막이 너머 학생들이 '제발 그만'하라며 비명을 지르는데도 전기가 450볼트에 달할 때까지 충격을 주었습니다. 450볼트의 전기라면 거의 모든 사람이 죽을 수밖에 없는데도 책임을 지겠다는 실험자의 권위에 복종해 버튼을 눌러댔다는 것입니다.

밀그램은 "실험에서 수백 명의 피험자들이 권위에 복종하는 것을 보고 한나 아렌트의 '악의 평범성'에 대한 개념이 사실에 가깝다는 확신을 갖게 되었다"고 말했습니다.

사람들은 유명하거나 학력이 좋거나 지위가 있는 사람들의 간판만 보고 그들의 말을 잘 믿는 경향이 있습니다. 그래서 이런 사람들의 말만 믿고 잘못된 투자를 하거나 사기를 당해서 패가망신하는 경우가 종종 있습니다. 최근에도 어떤 가수의 말과 홍보를 보고 투자해서 실패하고 분노에 찬 피해자들의 모습을 뉴스 화면에서 보았습니다. 이 또한 사고 기능을 발휘하지 않은 맹목적이고 절대적인 복종의 문제입니다. 권위에 대한 복종은 조직 폭력배들에게서도 나타나고, 사이비 종교단체나 군대에서도 종종 벌어지는 현상입니다.

루시퍼 효과

✦

Lucifer effect

루시퍼 효과는 선량한 사람이 악한 행동을 했을 때, 그 행동을 저지르게 된 특정한 환경이나 시스템이 주는 영향력을 말하는 것입니다. 즉, 선량한 사람을 악하게 만들 수 있는 '악마 효과'라고 하겠습니다.

이 이론은 스탠퍼드대학교의 심리학자 필립 짐바르도가 제기했습니다. 짐바르도는 1971년 진행한 실험 결과와 2004년 이라크 바그다드의 아부그라이브 감옥에서 자행된 미군의 이라크 포로 고문 사건을 분석해 책 『루시퍼 이펙트: 무엇이 선량한 사람을 악하게 만드는가』를 출간했습니다. 루시퍼는 '빛을 내는 자'라는 뜻으로 하느님 곁을 지키던 천사였으나 반역해서 쫓겨난 사탄을 이르는 말이다.

1971년 짐바르도는 대학의 심리학부 건물 지하에 가짜 감옥을 만들고 실험 지원자를 모집했습니다. 지원자 72명 중에 가장 정상적이고 건전한 사람으로 21명을 선발했습니다. 짐바르도는 실험 지원자들을 간수와 죄수 역할로 나누었고, 자신은 교도소장 역할을 했습니다.

실험이 진행되자 시간이 갈수록 간수 역할을 맡은 사람들은 점점 더 잔인하고 가학적으로 변해갔으며, 죄수 역할을 맡은 사람들은 비굴하고 비인간적인 로봇처럼 되어갔습니다. 한 죄수는 36시간 만에 신경 발작을 일으켰고, 교도관 역할을 하는 학생들이 죄수들을 하등 동물처럼 다루면서 잔인한 짓을 즐기고 있는 듯이 행동하자 실험자들은 공포에 질려갔습니다. 심지어 교도소장 역할을 하던 짐바르도조차도 이성을 상실하게 되자, 짐바르로의 연인이자 대학원생이었던 크리스티나 매슬랙이 중간에 개입해서 실험을 중지시켰습니다.

애초에 실험은 2주를 예정했으나 6일 만에 중단하고 말았습니다. 정상적인 사람도 교도소라는 특수한 상황에서는 '괴물'로 변할 수 있다는 것입니다. 이 실험은 특정 상황에서는 선량한 사람도 도덕적 기준을 무시하고 폭력적인 가해자가 될 수 있다는 것을 보여주었습니다.

실제로 루시퍼 효과는 전쟁이나 권력, 집단에서 자주 나타나기도 합니다. 전쟁 상황에서는 도덕적으로 문제될 수 있는 상관의 명령이 내려지기도 하고, 회사나 집단 내에서는 도덕과 상충하는 조직의 이익 같은 문제들이 발생할 수 있습니다.

2004년 바그다드 아부그라이브 교도소에서 미군들이 이라크 포로들을 짐승처럼 다룬 사실이 알려지면서 전 세계인을 경악시켰습니다. 스물한 살의 린디 잉글랜드라는 여군은 상병 찰스 그라너의 아이를 임신한 상태에서도 포로들에게 상상하기 어려운 수준의 학대 행위를 하면서 웃는 모습을 보여주었습니다. 짐바르도는 이 사건에 심리학 전문가로 참여했으며, 이 사건이 스탠퍼드 감옥 실험의 실사판이라고 말했습니다.

익성명이 보장되는 사이버 공간에서 나타나는 악플러들도 환경이 만들어내는 루시퍼 효과라고 하겠습니다. 평소에는 착하고 소심한 사람도 익명의 공간에서는 그 억눌림을 보상받기라도 하듯이 악성 댓글을 달고 있습니다. 인간의 본성에 관해서 성선설과 성악설이라는 이분법보다는 언제라도 환경의 지배를 받을 수 있다는 생각을 하게 됩니다.

행동 편향

✦

Action bias

행동 편향은 무엇인가를 해야 한다는 생각을 갖고, 설혹 그 결과가 똑같거나 더 나쁜 결과를 가져오더라도 가만히 있는 것보다는 행동하는 것이 낫다는 믿음을 가리키는 심리 이론입니다.

축구 경기에서 페널티킥을 차는 선수들의 3분의 1은 왼쪽, 3분의 1은 오른쪽, 3분의 1은 중앙을 향해서 킥을 합니다. 그리고 대다수의 골키퍼는 2분의 1은 왼쪽, 2분의 1은 오른쪽으로 몸을 날립니다. 확률은 같은데 중앙에 선 골키퍼는 드물었습니다. 왜 그럴까요?

공을 막으려고 중앙에 멈춰 서 있는데 공이 오른쪽이나 왼쪽으로 스쳐 지나가면 최선을 다하지 않은 것처럼 보이기 때문입니다. 방향이 틀렸더라도 몸을 날리는 편이 훨씬 나아 보이고 최선을 다한 것처럼 보입니다. 골키퍼 자신도 심적으로 덜 괴롭고 행동을 보여야 할 필요가 있는 것입니다.

인간은 무엇인가를 하지 않으면 불안해합니다. 어떤 결과를 가져오든 그 일의 효용성을 따지지 않고 '보여주기'식이라도 행동을 합니다. 면피용일 수도 있습니다.

한편으로는 흔히들 하는 말로 '실패하면 반역, 성공하면 혁명'이라는 말이 있습니다. 무엇인가 액션을 취해야만 결과를 얻을 수 있습니다. 역사에 나타난 수많은 영웅과 위인들은 기발하거나 무모한 어떤 행동의 결과로 존경을 받습니다. 아무것도 하지 않고는 아무것도 얻을 수 없습니다.

손실 회피 편향

+

Loss aversion

손실 회피 편향은 사람들이 손실을 줄이는 데 더 집중하는 심리입니다. 심리학자이자 경제학자인 대니얼 카너먼과 심리학자 아모스 트버스키가 손실 회피라는 개념을 제시했습니다. 얻는 것의 가치보다 잃어버린 것의 가치를 더 크게 생각하는 심리 상태를 말합니다.

카너먼은 2002년 심리학자로 노벨 경제학상을 수상했고, 행동경제학의 창시자로 불리기도 합니다.

동전을 던져서 앞면이 나오면 150달러를 벌고, 뒷면이 나오면

100달러를 잃는 게임이 있습니다. 대부분의 사람들은 이런 게임을 하지 않으려고 한답니다. 150달러의 이익보다 100달러의 손실을 더 크게 생각한다는 것이죠.

'가만히 있으면 중간은 간다'는 말이나 공무원과 회사원들의 복지부동한 자세도 손실 회피 편향이라고 하겠습니다.

인지 부조화 이론

✦

Theory of Cognitive Dissonance

인지 부조화 이론은 미국의 심리학자 레온 페스팅거가 출간한 『예언이 실패했을 때』(1956)와 『인지 부조화 이론』(1957)에 등장하는 개념입니다. 사람은 갖고 있던 생각이나 신념에 서로 모순되는 요소가 나타나면 부조화 상태가 되고, 이를 조화시키기 위해서 한쪽에 더 압박을 가한다는 이론입니다.

가장 쉽게 접하는 사례로는 『이솝 우화』에 나오는 여우와 포도 이야기입니다. 여우가 포도를 보고 먹고는 싶은데 너무 높은 곳에 있어 먹지 못하는 상태가 되었습니다. 이때 여우는 심리적 부조화 상태를 줄이고자 '저 포도는 너무 시어서 못 먹을 텐데' 하면서 자기 위안을 합니다.

페스팅거는 1957년 학생들을 대상으로 재미없는 일을 수행시키면서 재미있었다는 거짓 소문을 내어달라고 했습니다. 그 대가로 한 그룹에는 1달러씩 주었고, 다른 그룹에게는 20달러씩 주었습니다. 그런데 1달러를 받은 학생들이 20달러를 받은 학생들보다 거짓 소문을 진실이라고 주장하는 경향이 더 강했습니다. 1달러를 받은 학생들은 낮은 보상과 자신의 거짓말에 대해서 인지 부조화가 일어나 차라리 진짜 재미있었다는 믿음으로 바꿔버렸다는 것입니다.

이런 사례들은 사이비 종교의 믿음에서도 많이 나타나고 있습니다. 1954년 미국에서 말세론을 믿는 종교단체 신도들이 교주의 예언에 따라 가족과 직장을 버리고 그들을 구원해줄 비행접시를 기다렸습니다. 하지만 비행접시는커녕 아무 일도 일어나지 않았습니다. 1992년 한국에서도 다미선교회를 비롯해 기독교 일부 교파들이 '휴거'가 일어나 구원을 받는다고 믿어서 온 나라가 법석거렸습니다. 당연히 휴거 일에 아무 일도 없었습니다.

이후에 이 신도들은 어떻게 되었을까요? 일부 신도는 이탈했으나 나머지는 믿음이 더욱 강해졌습니다. 그들은 날짜 계산을 잘못했다든지, 자신들의 신앙을 시험하는 하느님의 시련이라면서 믿음을 강화하는 쪽으로 인지 부조화를 해소하려고 했습니다.

흡연자들은 온갖 변명을 대서라도 자신의 흡연을 정당화해 인지 부조화를 해소하려 합니다. 또 편견을 갖고 있거나 이상한 고집을 부리는 사람들의 심리 상태도 인지 부조화라고 하겠습니다.

만족 지연 이론

✦

Delay of gratification

만족 지연 이론은 더 큰 보상을 위해 눈앞의 작은 보상을 참아내거나 지연시키는 인내 능력을 말합니다.

1970년 미국 스탠퍼드대학교의 심리학자 월터 미셸은 만족 지연에 대한 연구를 위해 스탠퍼드대 부설유치원의 네 살 아이들을 대상으로 마시멜로 실험을 실시합니다. 653명의 아이들에게 마시멜로를 한 개씩 나눠주면서, 마시멜로를 15분간 먹지 않으면 한 개씩 더 주겠다고 제안합니다. 네 살짜리 아이들이 마시멜로를 앞에 두고 먹지 않고 참는다는 것은 보통 쉬운 일이 아닙니다.

실험 결과 15분 참았다가 두 개를 먹은 아이들은 전체의 30퍼센트였습니다. 더 놀라운 것은 14년 후에 실험에 참가했던 아이들을 추적해 삶을 비교했더니, 만족을 지연시켰던 아이들과 그렇지 못했던 아이들이 대학수학능력시험SAT에서 점수 차이가 210점이나 났습니다. 당연히 만족을 지연시켰던 아이들이 1600점 만점의 시험에서 210점을 더 받았습니다.

반면에 참는 시간이 가장 짧은 아이들은 순간적인 충동을 조절하지 못했을 뿐만 아니라 정학 처분을 받는 빈도도 높았습니다. 즉, 절제력이 좋은 사람이 성공할 확률이 높다는 것을 보여주었습니다.

이 실험을 소재로 미국에서 활동한 푸에르토리코 출신 동기 유발 강사 호아킴 데 포사다는 『마시멜로 이야기』를 써서 세계적인 베스트셀러 작가가 되었습니다. 이 후로도 마시멜로 실험은 수많은 자기계발 서적이 나오는 계기가 되었습니다.

죄수의 딜레마

+

Prisoner's dilemma

죄수의 딜레마는 두 사람의 협력적인 선택이 둘 다에게 이익임에도, 자신의 이익만을 생각해 내린 선택이 자신뿐만 아니라 상대방에게도 불리하다는 이론입니다.

죄수의 딜레마는 게임 이론으로 심리학뿐만 아니라 경제학, 정치외교학 등 여러 방면에서 활용되고 있습니다. 이 이론은 1950년 미국 국방부 산하 랜드연구소의 경제학자 메릴 플러드와 멜빈 드레셔가 진행한 연구에서 시작되었습니다.

두 범죄자가 체포되었습니다. 둘을 각각 다른 방에 수감하고,

범행을 자백받기 위해서 신문하고 다음과 같이 제안합니다.

1. 두 죄수 다 자백하지 않으면 징역 1년
2. 두 죄수 다 자백하면 징역 3년
3. 한 죄수만 자백하면 자백한 죄수는 석방, 자백하지 않은 죄수는 징역 8년.

과연 어떤 선택이 제일 많이 나올까요? 제일 좋은 선택은 둘다 자백하지 않는 경우입니다. 하지만 인간은 상대방이 자백하고 혼자만 8년형을 받을까 걱정합니다. 대부분의 실험의 결과는 협동보다 경쟁을 택해서 2번 둘 다 자백하는 경우가 가장 많다는 것입니다. 물론 이 실험에는 돈이나 상황에 따른 여러 가지 변수가 존재하지만, 인간은 상대방의 배신을 걱정하는 의심과 이기심에 따르는 현상이 벌어집니다.

우리나라 공정거래위원회에서는 기업들 간의 담합 행위를 조사할 때 죄수의 딜레마 이론을 도입하고 있습니다. 바로 '자진 신고자 감면 제도'입니다.

죄수의 딜레마는 이후에 여러 가지 확장된 형태로 실험과 이론이 나오게 됩니다. 두 죄수 모두 배신하고 자백하는 것은 '우월 전략 균형'과 '내시 균형 이론'으로 설명합니다. 내시 균형 이론은

1994년 노벨 경제학상을 받은 존 포브스 내시 교수가 발표한 게임 이론으로 죄수의 딜레마를 가장 잘 설명해주는 것으로 알려졌습니다. 그의 일대기가 영화 〈뷰티풀 마인드〉로 제작되기도 했습니다.

깨진 유리창 이론

✦

Broken window theory

골목길에 있는 어느 집의 유리창이 깨진 채로 방치된다면 어떤 현상이 일어날까요? 시간이 갈수록 그 집 주변은 더러워지고 멀쩡한 유리창들이 깨지거나 무단 침입 사태까지 벌어질 수도 있습니다. 그래서 그 주변은 점점 더 슬럼화될 것입니다.

　이처럼 작은 무질서가 더 심각한 범죄로 이어질 수 있다는 것이 깨진 유리창 이론입니다.

　1969년 미국 스탠퍼드대학교의 심리학 교수 필립 짐바르도는 뉴욕 브롱크스 거리에 유리창이 깨진 자동차와 멀쩡한 자동차를 일주일 동안 방치해 두었습니다. 그 결과 창이 깨진 자동차는 차의 부속품이 없어지고 차가 파괴되어 버렸습니다. 유리창이 깨지지 않은 자동차는 아무 이상이 없었고요.

이 실험은 1982년 범죄학자 제임스 윌슨과 조지 켈링이 '깨진 유리창 이론'으로 이름 붙여 발표했습니다. 1980년대 중반 미국 뉴욕은 지저분하고 범죄율이 높은 도시로 변해갔습니다. 중산층은 교외로 이사 가고 낮에도 지하철이나 거리를 다니기 불안한 도시였습니다. 사소한 위기나 관리 부재가 심각한 사태를 일으킬 수도 있음을 보여주었습니다.

1995년 루디 줄리아니가 뉴욕 시장으로 취임한 뒤 곳곳의 낙서를 지우고, 청소하고, CCTV를 설치해 범죄를 단속하기 시작했습니다. 낙서, 쓰레기 투척, 신호 위반 같은 경범죄를 단속하니 강력 범죄까지 줄어들었습니다. 뉴욕시의 범죄율이 3년 만에 80퍼센트까지 줄어드는 놀라운 성과를 보였습니다.

메타인지

✦

Metacognition

자신에 대해 스스로 생각하고 객관적인 판단을 내릴 수 있는 능력을 말합니다. 한마디로 내가 얼마나 무지한지 아는 것, 그것이 메타인지입니다.

예를 들어 산을 오른다고 칩시다. 저 산을 등산하는 데 왕복 여덟 시간 정도 걸리고, 난이도가 상급이라 제법 험합니다. 먼저 '내가 저 산을 오늘 중으로 등산할 수 있을까?'를 고민합니다. 나의 체력은 괜찮은지, 정신력의 문제나 부상의 위험도 등 스스로를 객관화해서 판단해야 합니다.

이렇게 자신의 능력을 객관화해서 판단하는 것이 메타인지입니다. 소크라테스의 '너 자신을 알라'라는 말이 와 닿는 이론입니다. 메타인지는 출발 자체가 발달 연구이며, 교육학에서 중요하게 사용합니다.

어느 방송에서 상위 0.1퍼센트의 학생들과 평범한 학생들을 테스트했습니다. 주어진 시간에 제시된 단어를 얼마나 기억하느냐는 시험이었습니다. 중요한 것은 기억하는 단어를 말하기 전에 자신이 몇 개나 기억하는지 그 숫자를 미리 밝히도록 한 것입니다.

테스트 결과 상위 0.1퍼센트의 학생들은 사전에 판단한 기억과 실제로 기억하는 단어의 숫자에 차이가 거의 없었습니다. 반면에 평범한 학생들은 이 차이가 컸습니다. 즉, 단어를 몇 개나 더 기억하는지가 중요한 것이 아니라 기억력의 정확성을 확인한 것입니다. 바로 메타인지 능력의 차이라는 것이죠.

메타인지는 1970년대 발달심리학자인 존 플라벨이 창안한 개념으로, 자기 자신에 대한 성찰 능력이라고 하겠습니다. 인지심리학자들은 '세상에는 두 가지 종류의 지식이 있다. 첫 번째는 내가 알고 있다는 느낌은 있는데 설명할 수 없는 지식이고, 두 번째는 내가 알고 있다는 것을 느낌뿐만 아니라 남들에게도 설명할 수 있는 지식이다. 두 번째 지식만 진짜 지식이고 내가 쓸 수 있는 지식이다'라고 했습니다.

최후통첩 게임과 독재자 게임

✦

Ultimatum game / Dictator game

최후통첩 게임은 인간의 합리성과 공정성을 염두에 둔 심리 경제적 분석 이론입니다.

게임은 2인 1조로 진행되는데, 예를 들어 100달러를 A에게 주고 B에게 나눠주라고 합니다. 단, 나누어진 몫에 B가 불만을 갖고 거절하면 둘 다 한 푼도 갖지 못합니다. 5대 5로 나누면 고민할 필요도 없고 좋은 결과가 나오겠지요.

만약 A가 8, B가 2일 경우 어떻게 될까요? 대부분의 사람이 안 받겠다는 결정을 내렸습니다. 하지만 경제학적인 관점에서 보면

B는 20달러라도 받는 것이 합리적인 결정이 아닐까요? 한 푼도 못 받는 것보다 20달러라도 받는 것이 이익이기 때문입니다.

대체로 사람들은 A 입장일 때는 40~50퍼센트의 금액을 건네주었다고 합니다. 그리고 B 입장일 때는 25퍼센트 이하의 금액을 제시받으면 이를 거절했습니다. 경제적으로 봤을 때는 불합리하지만 상대방의 불공정에 대해서는 참지 않겠다는 감정입니다. 이 '최후통첩 게임'은 1982년 독일의 경제학자 베르너 귀트가 생각해낸 것입니다.

이 게임을 변형해서 1986년 미국의 행동경제학자 대니얼 카너먼이 '독재자 게임'을 발표합니다. 최후통첩 게임과 같은 내용인데, 한 가지 제일 중요한 요소를 바꾸었습니다. A가 제시한 제안을 B는 거절할 수 없습니다. 결과는 어떻게 나왔을까요?

한 푼도 주지 않아도 괜찮은 상황이지만 약 70퍼센트의 실험 참가자들이 75대 25의 비율로 나눠 가졌습니다. 일부는 50퍼센트를 나눠 주기도 했고, 한 푼도 주지 않은 사람도 있었습니다. 이 실험은 사람들이 생각보다 공정성과 상호 이익을 염두에 둔다는 점을 확인했다는 데 의의가 있습니다.

몬테카를로의 오류

✦

Monte-Carlo fallacy

몬테카를로의 오류는 독립적인 확률로 일어나는 사건에 이전 사건의 확률을 대입해 저지르는 실수와 오류를 말합니다. 도박사의 오류Gambler's fallacy라고도 합니다.

1913년 모나코 몬테카를로의 보자르 카지노에서 있었던 일입니다. 구슬이 검은색, 붉은색 둘 중 하나에 떨어지는 것을 선택하는 룰렛 게임에서 연속해서 스무 번이나 검은색으로 떨어지는 일이 발생했습니다.

게이머들은 다음번에는 확률상 분명히 붉은색 쪽으로 떨어질 것이라고 예상하고 그쪽에 돈을 걸었습니다. 하지만 또 검은색 위로 떨어졌습니다. 게임이 회를 거듭할수록 게이머들은 붉은색에 배팅했지만, 결국 스물일곱 번째 가서야 붉은색에 멈추었습니다. 그 사이 게이머들은 파산했습니다.

50 대 50의 확률 게임은 한 게임을 하든 100게임을 하든, 이전 게임의 결과가 어떻든 간에 다시 시작되는 게임에서는 확률이 50퍼센트입니다. 하지만 사람들은 그렇게 생각하지 않았습니다. 이전 게임에서 연속해서 검은색이 나왔으니 이전 게임의 결과를 새로운 게임의 확률에 대입하는 실수를 저지릅니다.

많은 주식 투자자가 주가의 하락 원인을 찾기보다 어제오늘 며칠 주가가 떨어졌으니 내일은 오를 것이라고 예측합니다. 로또도 마찬가지입니다. 로또 1등은 810만 분의 1이고, 벼락 맞을 확률은 28만 분의 1이라고 합니다. 그런데도 사람들은 이 어려운 확률의 로또를 계속해서 삽니다.

재미있는 사실은 로또 당첨 번호를 제공해주는 회사가 우리나라에 약 100개가 있다는 것입니다. 그중에서는 직원이 50명 넘는 기업형도 있으며, 이 회사는 연 매출액이 2012년 기준 131억이었습니다. 로또 당첨 번호 제공은 과학적으로 아무런 근거가 없는데도 사람들이 몰립니다.

확증 편향

✦

Confirmation bias

친구나 가족끼리 정치 문제나 이념 때문에 다투어본 경험들이 한 번쯤은 있을 것입니다. 특정 이념을 가진 사람에게는 제아무리 그쪽 후보나 진영의 문제점을 이야기해도 마치 벽에다 대고 말하는 것처럼 말이 전혀 통하지 않는 때가 종종 있습니다.

확증 편향은 인지 편향의 하나로 자신의 신념과 일치하는 정보는 받아들이고 신념과 일치하지 않는 정보는 무시하는 경향을 뜻합니다. 특히 자신의 신념에 오류가 있다는 많은 객관적 자료를 제시해도 인정하지 않는 경향이 있습니다. 1960년 영국의 심리학자 피터 웨이슨이 제시한 개념으로, 논리학에서는 '불완전 증거의 오류'라고도 합니다.

특히 요즘 한국 정치를 보면 확증 편향이 극명하게 나타납니다. 각자 진영 논리에 빠져서 자신의 주장을 뒷받침할 만한 증거나 자료만 선택적으로 가져다 쓰고, 다른 진영을 악으로 생각하기도 합니다. 또 사람들이 실수나 범죄를 저지르면서 예전에 괜찮았으니 이번에도 괜찮을 것이라고 생각하는 것도 확증 편향의 오류입니다.

대체로 확증 편향은 보통 사람보다 전문가들이 더 저지르기 쉽다고 합니다. 법원에서 판사들의 판결을 보면 피고인에 대한 사회적인 비난이나 평가에 영향을 받고, 이전에 내려졌던 판례에서도 큰 영향을 받는 것으로 알려졌습니다.

미국 펜실베이니아대학교의 경영대학원 교수 제임스 엠쇼프와 이언 미트로프는 미국에서 가장 큰 기업들의 전략 수립 과정을 연구했습니다. 많은 대기업 경영자들이 이미 자신이 수립한 전략을 지지해주는 자료를 만들기 위해서 최신 정보 시스템을 사용하고 있으며, 바로 그런 이유 때문에 대부분의 전략이 실패로 끝났다는 것입니다. 즉, 자신의 확증 편향에 사로잡혀서 정보를 모으면서도 자신이 정보를 조작하고 있다는 사실을 깨닫지 못한다는 이야기입니다.

학습된 무력감

✦

Learned helplessness

학습된 무력감이란 피할 수 없는 힘든 자극이나 환경을 겪다 보면 그 상황을 피할 수 있는 기회가 와도 자포자기하는 상태를 말합니다. 1967년 펜실베이니아대학교의 심리학자 마틴 셀리그만과 스티븐 마이그만의 실험에서 유래했습니다.

두 사람은 개를 각 여덟 마리씩 세 집단으로 나눠서 전기충격을 주고 장애물을 넘어 충격을 피하는 실험을 했습니다. A집단은 한 번도 이런 훈련을 받아본 적이 없는 그룹이었고, B집단은 다른 상황에서 다른 방식으로 충격을 피하는 법을 배웠고, C집단은 다른 상황에서 어떤 방법으로도 충격을 피할 수 없는 경험을 한 그룹이었습니다.

실험 결과 A, B 두 집단의 개들은 장애물을 넘어 충격을 피할 수 있었습니다. B집단은 이전의 경험을 살려서 A집단보다 빨리 장애물을 넘었습니다. 문제는 C집단의 개들인데, 이들은 충격을 회피하려는 시도조차 하지 않고 아주 수동적이고 무기력하게 자신들의 운명을 받아들였습니다. 이것이 학습된 무력감입니다.

특히 우울증 환자에게는 이 학습된 무력감 현상과 유사한 증세가 발현됩니다. 통상적으로 우울증은 남성보다 여성이 두 배 정도 많은 것으로 알려졌습니다. 이에 대해 셀리그만은 '어렸을 때부터 소녀들은 수동성과 의타심을 의심받고, 사회에 나와서도 남성보다 성과에 대한 공로를 제대로 인정받지 못해 학습된 무기력에 노출되는 것이 우울증 유발의 요인'이라고 했습니다.

노예로서의 삶에 익숙해진 노예근성이나 독재 정권하에서 학습된 공포정치도 학습된 무력감이라고 하겠습니다. 우리가 경계해야 할 것은 개인의 학습된 무력감뿐 아니라 집단적으로 학습된 무력감이 특히 정치 분야와 사회 전반에 걸쳐 있다는 것입니다.

'무력감의 사회화the socialization powerlessness'라는 말도 있습니다. 사람들이 능동적 시민이 갖춰야 할 덕목 대신에 체념이나 포기, 냉소주의를 습관적으로 갖게 되는 것을 말합니다.

매몰 비용의 오류

✦

Sunk cost fallacy

매몰 비용의 오류는 과거에 투자한 비용이 아까워 지금은 효과가 크지 않음에도 계속 일을 진행하는 것을 말합니다. 흔히 '콩코드 오류Concorde fallacy'라고도 합니다.

1960년대 영국과 프랑스의 합작으로 초음속 민간 항공기인 콩코드를 개발하기 시작했습니다. 많은 개발비를 들여 1976년 상업 비행을 시작했습니다. 콩코드는 마하 2.2의 최고 속도로 날며, 운행 시간이 기존 항공기들보다 두 배 이상 빨랐습니다.

하지만 높은 생산비, 기체 결함, 소음 등의 여러 문제 때문에

전망이 어두웠습니다. 그럼에도 이미 들어간 막대한 개발비 때문에 멈출 수가 없었습니다. 결국 계속된 투자와 손실로 2003년 생산과 운행을 중지하게 됩니다.

행동경제학자 대니얼 카너먼은 "이런 매몰 비용 오류 때문에 사람들은 열악한 일자리, 불행한 결혼, 전망 없는 연구 프로젝트에 계속 집착하고 매달린다"라고 했습니다.

이 용어는 경제 분야에서 많이 사용하지만, 사람들이 자기합리화 욕구에서 비롯된 경제적 인지 부조화 이론이라고 할 수 있습니다. 주변에서도 그 사례를 흔하게 볼 수 있습니다. 명품 옷, 명품이 아니라도 비싸게 산 옷이나 소품들이 전혀 어울리지 않지만 본전 생각이 나서 계속해서 입고 다니는 사람을 볼 수 있습니다.

또 남녀 관계에서도 헤어지는 것이 두 사람에게 훨씬 좋을 것 같은 커플이 관계를 계속 유지하기도 합니다. 그들이 헤어지지 못하는 이유는 그동안 지내온 시간과 추억 등 감정의 매몰 비용을 생각해서입니다.

다원적 무지

+

Pluralistic ignorance

1931년 미국의 심리학자 대니얼 카츠와 플로이드 올포트가 다수 집단의 보수화 경향을 설명하기 위해서 이름 붙인 개념입니다. 어떤 이슈에 대해 소수의 의견을 다수의 의견이라고 잘못 인식하거나 반대로 다수의 의견을 소수의 의견이라고 잘못 인식하는 것을 말합니다.

예를 들어 미국의 대학생들은 자신은 대학교의 음주 문화를 좋아하지 않지만, 다른 학생들은 그렇지 않을 것이라고 생각한다고 합니다. 실제로는 자신처럼 생각하는 학생이 많은데도 착각하는 것입니다.

또 자신은 교수의 수업 내용을 이해하지 못하는데, 아무도 질문을 하지 않아 다른 학생들은 다 이해하고 있다고 생각하기도 합니다. 하지만 다른 학생들도 마찬가지로 이해하지 못하고 있었습니다.

우리가 잘 아는 안데르센의 『벌거벗은 임금님』 이야기도 다원적 무지입니다. 누구도 믿지 않지만 모두가 남들은 믿을 거라고 생각하는 '대중 착각 현상' 때문입니다.

블링크

Blink

블링크는 깜빡임, 점멸을 뜻하는 단어로 첫 2초 만에 순간적인 판단을 하는 것을 말합니다.

1992년 심리학자 날리니 엠바디와 로버트 로젠탈은 어떤 사건의 아주 작은 부분만 경험해도 패턴을 찾아낼 수 있는 사람들의 능력을 '얇게 조각내기'라는 용어로 정의하며 『심리학 회보』에 논문으로 발표했습니다. 이를 '블링크'라는 단어로 대중화한 사람이 미국의 저널리스트 말콤 글래드웰입니다.

2005년 글래드웰은 책 『블링크』를 출간해 세계적인 베스트셀러 저자가 되었는데, 그의 출간 동기가 흥미롭습니다. 그는 운전 중에 경찰로부터 자주 검문을 당하고 과속 범칙금을 떼였는데, 그 이유를 곰곰이 생각하다가 이 책을 쓰게 됐다고 합니다. 글래드웰은 영국계 백인 아버지와 자메이카 출신의 흑인 어머니 사이에서 태어나 곱슬머리였는데, 외모 때문에 범죄자로 오인을 많이 받았다고 합니다. 그는 자신이 블링크에 의한 흑인 차별의 희생자라고 생각했습니다.

글래드웰은 또 군대에서 총명한 장군들이 '혜안'을 갖고 있다고 보았습니다. 한눈에 전황을 파악할 수 있는 능력을 가진 나폴레옹이나 패튼을 예로 들며 이 또한 블링크라고 말했습니다.

블링크는 취업이나 면접 시 많이 이용되는데, 편견이 작동할 수도 있습니다. 면접장에 들어서는 순간 면접관들은 면접자의 옷차림, 헤어스타일, 몸가짐 등을 보고 순간적인 판단을 해버린다는 것입니다. 그래서 미국에서는 오케스트라 단원을 뽑는 오디션에 커튼을 쳐 연주자의 성별을 알 수 없게 했는데, 그 후 여성 단원들이 늘었다고 합니다.

모든 것은 결과에 따라서 달라지겠지만 블링크가 '탁월한 혜안'일 수도 있고 '경솔한 충동'일 수도 있습니다.

앵커링 효과

+

Anchoring effect

배가 어느 지점에서 물속으로 앵커(닻)를 내리면 배는 닻을 중심으로 움직임이 제한됩니다. 앵커링 효과는 앵커처럼 인간의 사고도 처음에 제시된 이미지나 숫자가 기준점이 되어 판단에 영향을 미치는 현상을 뜻합니다.

심리학자이자 행동경제학자인 대니얼 카너먼과 아모스 트버스키가 실험을 했습니다. 1에서 100까지 숫자가 있는 룰렛을 돌려 숫자를 보게 한 뒤 유엔에 가입한 아프리카 국가의 비율을 추측하라는 내용이었습니다. 대부분의 참가자들은 룰렛을 돌려 우연히 나온 숫자와 비슷한 수치로 답을 했습니다. 즉, 정답과 관계 없이 룰렛을 통해 나온 숫자를 기준으로 삼아서 판단한 것으로 앵커링 효과라고 하겠습니다.

또 시카고대학교의 크리스토퍼 시는 실험에서 사람들에게 자신의 전화번호 뒤 세 자리를 적게 하고, 로마의 멸망 시기를 추측하게 했습니다. 대부분의 참가자는 자신의 전화번호와 유사한 시기를 적었습니다.

앵커링 효과는 마케팅에서 유용하게 사용합니다. 마트나 백화점에서는 할인 행사나 증정 이벤트를 많이 합니다. 그러면 기존 가격이 앵커 역할을 해서 할인된 가격으로 구입하면 사람들은 합리적인 소비를 했다고 생각합니다.

가격 협상을 할 때도 먼저 가격을 제시한 사람이 유리합니다. 이는 먼저 제시한 가격이 일종의 기준점 역할을 하기 때문입니다. 생각하는 가격보다 약간 높은 가격을 먼저 제시하면 적당한 지점에서 타협될 가능성이 많다고 합니다.

점화 효과

✦

Priming effect

점화 효과는 먼저 제시된 자극이나 경험이 나중에 할 행동에 영향을 미치는 현상을 말합니다. 점화는 불을 붙인다는 뜻인데, 뇌에 저장된 기억을 무의적으로 활성화시키는 것을 뜻합니다.

사회심리학자 존 바그는 다음과 같은 실험을 했습니다. 뉴욕대학교 재학생들에게 다섯 개 단어를 조합해서 4개 단어의 문장을 만들어보라고 했습니다. 제시한 단어는 "근심하는, 늙은, 회색의, 감상적인, 현명한, 은퇴한, 주름진, 빙고 게임"과 같은 노인을 암시한 내용이었습니다.

실험을 마친 뒤 학생들이 복도로 이동했는데, 노인과 관계된 단어로 문장을 만든 학생들은 다른 학생들보다 훨씬 천천히 걸어 갔습니다. 자신도 모르게 무의식적으로 노인과 관련된 단어를 인식했고, 노인처럼 천천히 이동하는 개념을 행동에도 적용한 것입니다.

점화 효과는 마케팅에서도 자주 이용합니다. 예를 들어 드라마 주인공이 가진 가정적인 이미지를 활용해서 가전제품 광고에 모델로 기용합니다. 코카콜라는 뉴스가 사회 이슈나 사건사고를 주로 다루어 뉴스 후에는 시청자들이 무거운 심리 상태에 빠져 들기 쉬우므로 '뉴스 후 광고 금지'라는 정책을 유지하고 있습니다.

이 점화 효과는 2006년 네덜란드의 경영대학원 교수 천보중과 케이티 릴리에가 '맥베스 부인 효과'라고 이름 붙이기도 합니다. 셰익스피어의 『맥베스』에서 맥베스 부인이 남편과 공모해 국왕을 살해한 뒤, 손을 씻으며 "사라져라, 저주받은 핏자국이여"라고 중얼거린 데서 유래합니다. 자신의 영혼이 더럽혀졌다는 느낌은 자신의 몸을 씻고 싶다는 욕구를 유발합니다.

점화 효과는 무의적으로 갖게 된 생각들을 우리가 알지 못하는 사이에 자극하면서 일어나는 것입니다.

평등 편향

✦

Equality bias

평등 편향은 인간관계에서 옳고 그름이나 능력의 유무보다 상대 방에 대한 잘못된 배려 때문에 평등하게 대하는 현상을 말합니다.

주변에서 흔하게 볼 수 있는 광경으로, 친한 친구 A와 B가 토론을 하다가 말다툼으로 이어집니다. C는 화제를 전환해 말싸움을 끝내고자 합니다. 내용으로 보면 A의 의견이 맞는데도, C는 A와 B를 동등하게 다루고 분위기를 망치지 않으려고 노력합니다.

심리학자들은 이런 현상들을 연구 주제로 삼아서, 대화에 참여하는 사람들이 특정 주제에 대해 각자의 수준 차이가 있음에도 공정한 시간과 관심을 할애하려는 성향이 있다는 '평등 편향' 개념을 만들어냈습니다.

2015년 심리학자 알리 마흐무디는 집단 의사 결정에 관한 논문을 발표했습니다. 그는 능력이 떨어지는 사람들이 예상했던 것보다 자신의 주장을 더 옹호하는 경향이 있고, 오히려 더 실력 있는 사람들이 상대방의 주장이 분명히 틀렸음에도 그것을 존중해주는 경향이 있음을 발견했습니다.

2017년 미국 국제정치학자 톰 니콜스는 책『전문가와 강적들』에서 평등 편향에 대해 "이런 태도나 행동은 기분 좋은 오후를 보내는 데는 효과가 있을지 몰라도, 어떤 결정을 하기에는 정말 나쁜 방법이다"라고 했습니다.

사람들은 사교 행위에서 작동했던 '존중받고 싶은 욕구'와 '누군가를 소외시키고 싶지 않은 배려'의 습관을 중요한 의사 결정을 내리는 순간에도 똑같이 행한다는 것을 알 수 있습니다.

클루지

✦

Kludge

클루지는 어떤 문제에 대해서 서투르거나 투박하지만 효과적인 해결책을 뜻합니다. 영어 사전에는 '조잡한 인터페이스'로 나오는데, 원래는 '영리한'을 뜻하는 독일어 클루그klug에서 나온 말로 공학자들이 엉성한 해결책을 말할 때 사용합니다.

1970년 아폴로 13호 달착륙선에서 이산화탄소 여과기에 문제가 생기는 비상사태가 발생합니다. 이것을 수리하지 못하면 승무원들은 모두 죽을 수도 있는 심각한 상황이었습니다. 승무원들은 궁리 끝에 비닐봉지, 마분지 상자, 절연 테이프, 양말 한 짝으로 투박한 공기 여과기 대용품을 만들어 문제를 해결했습니다. 최첨단 기술이 들어간 우주 비행에서 기술적인 문제를 양말이나 비닐 봉지 따위로 해결했다면 말이 안 되는 것 같지만, 이런 현상을 설명하기 위해서 등장한 용어가 '클루지'입니다.

미국 뉴욕대학교의 심리학자 개리 마커스는 2008년 책『클루지: 생각의 역사를 뒤집는 기막힌 발견』에서 인간을 진화심리학적 차원에서 설명했습니다. 그는 이 책에서 인간의 마음은 자동적으로 작동하는 '반사 체계'와 합리적으로 정보를 처리하는 '숙고 체계'로 구성되어 있으며, 스트레스를 받거나 다급한 상황에서는 반사 체계가 더 큰 힘을 발휘한다고 말했습니다.

또한 마커스는 이런 다급한 상황에서는 인간의 통제력을 잃게 만드는 인지적 클루지가 작동해 분열이나 전쟁과 같은 비극적인 상황을 가져온다고 주장했습니다.

하지만 긍정적인 클루지도 있습니다. 영국의 심리학자 리처드 와이즈먼이 거리 곳곳에 240개의 지갑을 떨어뜨리고 사람들의 반응을 살피는 실험을 했습니다. 지갑에는 현금 없이 개인적인 사진, 신분증, 기한 지난 복권, 회원증, 그 밖의 자잘한 물건이 들어 있었습니다. 지갑마다 가족 사진, 강아지 사진, 아기 사진 등 사진을 달리했습니다.

실험 결과 지갑의 회수율에 큰 차이가 있었습니다. 노부부 사진이 있는 지갑은 회수율이 25퍼센트, 가족 사진은 48퍼센트, 강아지 사진은 53퍼센트, 아기 사진은 88퍼센트의 회수율을 보여주었습니다. 아기나 강아지에게 온정적인 반응을 보이는 무의식이 작동한 것입니다. 이것이 클루지라고 와이즈먼은 설명했습니다.

휴리스틱

+

Heuristics

휴리스틱은 시간과 정보가 부족해 합리적인 판단을 할 수 없는 상황에서 빨리 의사 결정을 내려야 할 때 사용하는 어림짐작의 기술을 뜻합니다. 휴리스틱은 매우 다양한 분야에 쓰이기 때문에 개념 정의가 조금씩 다릅니다.

휴리스틱은 의사 결정 과정을 단순화해 큰 노력 없이도 좋은 결과를 얻을 수도 있지만, 한편으로 어처구니없는 비합리적인 선택을 하기도 합니다. 휴리스틱의 이런 비합리성은 행동경제학의 핵심 개념입니다. 행동경제학의 아버지라 불리는 대니얼 카너먼은 엄연히 객관적 사실이 존재하는데도 사람들이 단순히 자신의 고정관념이나 관습 등을 통해 내리는 불완전하고 비합리적인 판단을 휴리스틱이라고 했습니다.

이런 편향된 결과의 휴리스틱은 가용성 휴리스틱, 대표성 휴리스틱, 기준점 효과와 조정 휴리스틱, 감정 휴리스틱 등이 있습니다. 몇 가지 사례를 보겠습니다.

대표성 휴리스틱의 고전 사례로 꼽히는 린다의 문제입니다. '린다는 서른한 살이고, 말투가 직설적이고, 성격이 밝다. 철학을 전공했으며 학생 시절에 차별과 사회정의에 대해 고민했고, 반핵 시위에도 참여한 적이 있다.' 142명의 대학생들에게 그녀의 직업이 무엇이라고 생각하는지 물었습니다. 1) 린다는 은행원이다, 2) 린다는 은행원이고 여성단체에서 활동하고 있다. 응답자의 85퍼센트가 2)를 정답으로 택했습니다.

말이 안 되는 답이 나왔습니다. 확률상 린다가 은행원이면서 여성운동가이기 위해서는 우선 은행원이 되어야 합니다. 은행원이면서 여성운동가일 확률은 엄청 적어지게 됩니다. 그럼에도 학생들은 린다에 대한 느낌 때문에 논리적인 판단을 무시되고 2)를 많이 선택하는 결과가 나왔습니다.

또 다른 사례를 봅시다. '매우 지적이고 내성적이며, 사색과 독서를 즐기는 대학생이 있다. 그의 전공은 무엇일까?' 1) 철학, 2)

경제학. 확률적으로 2)가 정답입니다. 왜냐하면 경제학을 전공하는 학생 수가 철학 전공자보다 훨씬 많기 때문입니다. 그럼에도 실제로는 1)을 선택하는 이가 더 많았습니다.

다음으로 기준점 조정 휴리스틱 사례입니다. 피험자 집단을 둘로 나누어 실험을 했습니다. 첫 번째 집단은 $8 \times 7 \times 6 \times 5 \times 4 \times 3 \times 2 \times 1$, 두 번째 집단은 $1 \times 2 \times 3 \times 4 \times 5 \times 6 \times 7 \times 8$의 값을 어림짐작으로 구하게 했습니다. 첫 번째 집단의 평균값은 2250이었고, 두 번째 집단의 평균값은 512였습니다. 8부터 시작한 집단은 기준점이 높게 설정되었고, 1부터 시작한 집단은 기준점이 낮은 숫자로 설정돼 이런 결과가 나온 것입니다.

대니얼 카너먼이 책 『생각에 관한 생각』에서 자신이 직접 겪은 일이라며 감정 휴리스틱 사례로 소개했습니다. 미국의 한 대형 금융회사 최고투자책임자CIO가 어느 날 수천만 달러의 포드 자동차 주식을 매집했습니다. 그 이유는 최근 모터쇼에 갔다가 그곳에서 포드 차에 강한 인상을 받아서였습니다. 단지 포드 자동차가 좋았고, 포드 자동차의 주식을 보유한다는 생각을 좋아했기 때문에, 그는 자신의 직관에 따라 그런 결정을 내렸다는 것입니다.

티핑 포인트

✦

Tipping point

티핑 포인트는 변화가 작은 일들에서 시작될 수 있고 대단히 급속하게 발생할 수 있다는 의미입니다. 티핑은 사전적으로 '균형을 깨트리는 것'입니다. 티핑 포인트는 1969년 노벨 경제학상을 받은 토머스 셸링의 논문 「분리의 모델」에서 제시한 것으로, '갑자기 뒤집히는 점'이라는 뜻입니다

1960년대 미국 북동부의 도시에 살던 백인들이 갑자기 교외로 이주하는 현상이 발생합니다. 원래 살던 도심에 흑인들이 일정 비율 이상 초과해 살게 되면, 즉 어느 한계점에 다다르면 백인들이

한순간에 떠나버리는 것을 발견하고 이를 설명하기 위해 티핑 포인트를 제시했습니다.

저널리스트 말콤 글래드웰은 책 『티핑 포인트』에서 몇 가지 사례를 보여줍니다.

허시파피는 1958년 개를 로고로 해서 만들어진 신발 브랜드입니다. 잘나가다가 1994년 매출이 3만 켤레로 급감하는 위기 상황이 발생했습니다. 그러다가 1995년부터 매출이 상승세를 보이더니, 1996년에는 매출이 170만 켤레로 폭증하는 현상이 벌어집니다. 물론 그 사이에 꾸준한 마케팅이 있었습니다. 유명 패션 디자이너들이 패션쇼에서 허시파피를 신었고, 또 1994년 개봉한 영화 〈포레스트 검프〉에서 주인공 톰 행크스가 허시파피를 신었습니다. 이런 사실들이 더해지면서 어느 한순간에 매출이 급등하게 된 것입니다.

글래드웰은 "큰 종이 한 장을 접고 또 접고 또 다시 접어서 50번까지 접으면 마지막 두께는 얼마나 될까? 아마 사람들은 대부분 전화번호부 정도의 두께를 생각하고, 좀 더 대담한 사람은 냉장고 정도라고 생각할 것이다. 하지만 그 두께는 거의 태양까지 도달할 정도이다. 이것이 수학에서 등비수열이라고 부르는 일례다"라고 말했습니다. 티핑 포인트는 베스트셀러나 사회적 신드롬의 전염성을 설명할 때 유용한 개념입니다.

애빌린 패러독스

✦

Abilene paradox

아무도 원치 않았는데 만장일치로 합의가 되는 이해할 수 없는 현상을 말합니다. 이는 '집단 사고'의 한 유형입니다. 1974년 조지 워싱턴대학교의 경제학 교수 제리 하비는 「조직동학」이라는 논문에서 이 개념을 처음 발표하고, 1988년 『애빌린 패러독스』라는 제목의 책으로 출간했습니다.

1974년 섭씨 40도를 웃도는 여름에 제리 하비는 아내와 텍사스주 콜맨에 있는 처가를 방문했습니다. 가족이 모여 게임을 하던 중에 장인이 갑자기 스테이크 잘하는 애빌린에 가서 저녁을 먹자고 제안했습니다. 아내는 좋다고 답했습니다. 하비는 속으로 '숨이 막힐 이 더위에 그것도 에어컨도 없는 차를 타고……'라고 생각했습니다. 하지만 "장모님이 가시면"이라고 동감을 표했고, 장모는 "애빌린에 가본 지 오래되었는데 잘 됐네"라고 답했습니다.

고물차를 타고 85킬로미터를 두 시간 걸리며 가는 길은 너무 더웠고, 스테이크 맛도 그저 그랬습니다. 지칠 대로 지쳐 집에 돌아오자 장모는 "집에 있고 싶었는데 애빌린에 가자고 난리를 치는 바람에 어쩔 수 없이 갔다"며 투덜거렸습니다. 하비는 "다른 사람들이 원해서", 아내는 "이렇게 더운 날씨에 밖에 나가는 것 자체가 미친 짓"이라고 했습니다. 그러자 장인이 말했습니다. "난 다들 너무 심심해하기에 그냥 해본 말이었어. 그런데 전부 찬성했잖아."

하비는 이런 문제가 조직의 흥망이 걸린 중요한 문제에서도 발생한다고 지적합니다. 그 이유는 조직 구성원 개개인이 자신의 의견을 분명하게 표현하지 않기 때문이라고 했습니다.

합리적 선택 이론

✦

Rational choice

합리적 선택 이론은 개인이 비용과 편익을 고려해 자신의 이익을 극대화하려는 합리적 선택을 한다는 관점에서 여타 사회적 현상을 설명하려는 이론입니다.

1992년 노벨 경제학상을 수상한 미국 시카고대학교의 경제학자 게리 베커는 '합리적 선택 이론'을 일상생활에 적용해서 1988년 논문 「합리적 중독 이론」을 발표했습니다. 이 이론은 알코올, 담배, 마약뿐만 아니라 텔레비전 중독, 일중독, 설탕 중독 등 모든 중독 현상이 내일보다 오늘을 중시하는 합리적인 선택의 결과라는 것입니다.

외국인들이 한국의 카페에서 스마트폰이나 노트북을 그냥 두고 화장실에 가거나 잠깐 다른 볼일을 봐도 물건이 그대로 있는 것에 깜짝 놀랐다고 합니다. 이런 상황도 범죄자의 합리적 선택이 낳은 결과입니다. 범행으로 기대되는 이득이 위험도나 나중에 치러야 할 대가 등의 비용보다 더 작기 때문에 범행으로 이어지지 않는 것입니다.

합리적 선택 이론가들은 오직 개인만이 선택하고 행동하며, 사회적 총합은 단지 개인들이 행한 선택과 행동의 결과로만 이해할 수 있다고 주장합니다. 특히 정치학 분야에서는 합리적인 선택 이론 이후의 여러 가지 현상들을 분석할 때 고전적인 거시 분석보다 개인주의에 기초한 미시적인 분석을 합니다.

예컨대 혁명이나 민주화처럼 큰 정치적 변화도 사회적인 구조나 근대화 같은 분석보다 개인이 직면한 관점에서 선택한다는 것입니다. 또 투표 참여가 저조한 것을 시민의 무관심이나 냉담을 원인으로 보던 것과 달리, 합리적 선택 이론의 관점에서는 시민들이 참여와 관련한 비용과 편익을 고려해서 합리적인 선택을 내린다는 것입니다.

사회적 증거

✦

Social proof

사회적 증거는 다른 사람의 행동을 참고해 자신의 행동이나 의견을 결정하는 심리적인 현상입니다.

낯선 외국에 가서 처음 보는 모르는 음식을 먹을 때는 어떻게 먹을지 고민하다가 주변 사람들의 행동을 관찰하고 따라하게 됩니다. 사회적 증거가 작동하는 예입니다.

1968년 미국의 심리학자 스탠리 밀그램이 다음과 같은 실험을 했습니다. 남자 한 명을 길모퉁이에 세워놓고 텅 빈 하늘을 60초 동안 쳐다보게 했습니다. 대부분의 행인은 그냥 지나쳤습니다. 다음번에는 다섯 명이 똑같은 행동을 하게 했습니다. 길을 가다 멈춰서서 빈 하늘을 응시한 행인은 이전보다 네 배가 많아졌습니다. 열다섯 명이 서 있을 때는 길 가던 사람의 45퍼센트가 멈춰 서서 하늘을 응시했습니다. 사람들의 숫자가 더 늘어나자 무려 80퍼센트가 고개를 들어 하늘을 쳐다보았습니다.

이 실험은 '사회적 증거'의 원리를 보여줍니다. 많은 사람이 하는 행동이나 믿음이 진실일 것이라고 생각하는 경향이 있다는 뜻입니다. 나이트클럽에서 입장 공간이 충분한데도 일부러 손님들을 들이지 않고 줄을 서게 한다든지, 바텐더가 일과를 시작하기 전에 팁 박스에 일부러 동전이나 지폐를 넣어두어서 팁을 유도하는 것 같은 사례들도 있습니다.

수전 와인셍크는 『마음을 움직이는 심리학』에서 다음과 같이 말했습니다.

"대학 신입생과 학부모들을 위한 오리엔테이션에 참석한 적이 있다. 한 대학 행정관이 말하기를 최근 3년 사이에 교내 기숙사에서 음주 규정을 위반한 사례가 200건이 넘었다고 했다. 그는 캠퍼스 내에 음주 문제가 심각하다고 지적하면서 이 문제를 해결하기 위해 학교 측에서 시도한 갖가지 방법들에 대해 얘기했다. 그러나 그의 메시지는 이미 돌이킬 수 없는 피해를 입힌 상태였다. 행정관은 그 자리에 모인 300명의 신입생들에게 다른 많은 학생들이 교내에서 술을 마신다는 말을 한 것이다. 이 말은 음주 문제를 줄이기는커녕 더 증가시킬 확률이 높다."

이와 비슷한 문제로, 언론에서 고발프로그램을 방영하면 그것을 따라 하는 역효과를 낳을 수도 있습니다. 이는 부정적인 사회적 증거의 원리 때문입니다.

반면에 긍정적인 사회적 증거 사례도 있습니다. 2009년 영국 정부는 세금 체납자에게 독촉장을 보내면서 첫줄에 "영국인 90퍼센트가 세금을 냈습니다"라는 한 문장을 추가했습니다. 그러자 전년에 비해 약 56억 파운드의 연체 세금을 더 거뒀다고 합니다.

트롤리 딜레마

✦

Trolley dilemma

트롤리 딜레마는 다수를 위해 소수가 희생하는 것에 대한 선택의 윤리적인 문제입니다.

트롤리 딜레마는 마이클 샌델의 책 『정의란 무엇인가』에 등장 하면서 널리 알려졌습니다. 트롤리 딜레마를 화두로 〈트롤리〉라 는 제목의 드라마가 만들어지기도 했습니다. 트롤리는 공중에 있 는 선에서 전기 동력을 얻어 운행하는 전차를 말합니다.

영국의 윤리철학자 필리파 루스 풋이 1) 상황을, 미국의 주디스 자비스 톰슨이 2) 상황을 제시하고 응답자들의 의견을 물었습니다.

1) 브레이크가 고장 난 트롤리가 선로를 달리고 있습니다. 직진 선로에는 다섯 명이 일하고 있고, 그대로 가면 다섯 명 모두 사망합니다. 그런데 다른 레일에는 인부가 한 명 있고, 레일 변환기로 선로를 바꾸면 그는 사망하게 됩니다. 과연 선로를 바꾸겠습니까?

2) 마찬가지 상황에서 이번에는 육교 위에서 지켜보고 있습니다. 그런데 다섯 명의 목숨을 구하기 위해서는 육교 위에서 무거운 것을 트롤리 위에 떨어뜨려야 하는데, 마침 옆에 뚱뚱한 사람이 한 명 있습니다. 뚱뚱한 사람을 떠밀면 트롤리를 멈출 수 있습니다. 어떻게 하겠습니까?

사람들은 1) 상황에서 89퍼센트가 선로를 바꾸겠다고 했고, 2) 상황에서는 뚱뚱한 사람을 밀어서는 안 된다는 의견이 78퍼센트였습니다. 한 명의 희생자로 다섯 명의 목숨을 구하는 같은 조건인데, 왜 이런 상반된 답이 나왔을까요? 타인의 죽음에 얼마나 직접적으로 관여했는지 여부가 이런 엇갈린 답이 나온 배경이라는데, 사실 명확한 근거는 없습니다.

트롤리 딜레마는 다수를 위한 소수의 희생을 전제로 하며, 그 선택이 도덕적으로 옳은지 판단하는 것입니다. 정답은 없습니다.

간발 효과와 사후가정 사고

✦

Nearness effect / Counterfactual thinking

아슬아슬한 차이로 실패를 경험했을 때 더욱 연연하고, 상실감으로 인생 전반에 영향을 주는 현상을 간발 효과라고 합니다. 예를 들어 수능에서 1~2점만 더 맞았더라면 명문대에 진학하고 인생이 달라졌을 텐데 하면서 평생을 아쉬워하는 것을 말합니다.

비행기를 타야 하는데 공항에 늦게 도착하는 바람에 놓쳤다고 합시다. 30분 늦은 사람과 5분 늦어 놓친 사람이 있다면 누가 더 화가 나고 아쉬울까요? 사람들에게 물었더니 96퍼센트는 5분 늦게 도착한 사람이 더 화가 날 것 같다고 했습니다. 간발의 차이라

165

더 그렇다는 것입니다.

　마찬가지로 올림픽에서 은메달리스트가 동메달리스트보다 덜 행복한 이유를 설명해줍니다. 은메달리스트는 간발의 차이로 금메달을 놓쳤다고 생각하고, 동메달리스트는 간발의 차이로 노메달을 면했다고 생각한다고 합니다. 간발 효과는 1982년 심리학자이자 행동경제학자인 아모스 티버스키와 대니얼 카너먼이 인간의 후회에 미치는 영향을 탐구하며 낸 용어입니다.

　'사후가정 사고'는 일어나지 않았지만 일어날 수도 있는 사건을 생각하는 것입니다. 은메달리스트가 금메달리스트를 보면서 '내가 마지막에 조금만 더 힘을 내었더라면, 내가 저 자리에 설 수 있었는데' 하고 생각하는 것입니다. 1992년 바르셀로나 올림픽 일부 종목의 은메달리스트와 동메달리스트의 표정을 분석하며 코넬대학교 교수 빅토리아 메드백과 톨레도대학교의 스콧 메디가 세운 개념입니다.

　우리는 '내가 그때 그 주식을 팔지 않았다면' '그때 비트코인을 샀더라면' 하면서 후회하거나 가정합니다. 인간은 끊임없이 '지금의 아내와 결혼하지 않았다면' '회사를 그만두고 창업했다면' 하고 생각하면서 사는 것 같습니다.

더닝-크루거 효과

✦

Dunning-Kruger effect

더닝-크루거 효과는 무능한 사람일수록 자신이 무능하지 않다고 더 강하게 확신하는 인지적 편향cognitive bias을 말합니다. 한마디로 자신이 능력이 없다는 것을 인정하지 못하는 무지한 상태를 뜻합니다.

1999년 미국의 심리학자 데이비드 더닝과 대학원생 저스틴 크루거가 발표한 논문에서 다룬 내용입니다. 유사한 현상으로 '과신 효과overconfidence effect'가 있습니다. 더닝은 시험에서 D나 F의 성적을 자주 받는 학생일수록 훨씬 더 자신의 노력이 인정받을 만한 가치가 있다고 생각하는 경향이 있었다고 말합니다.

이런 현상은 주변에서도 흔하게 벌어집니다. '무식하면 용감하다'라는 말처럼 자신의 무지를 깨닫지 못하고 마구잡이로 밀어붙이는 동료나 상사를 볼 수 있습니다. 이런 현상이 벌어지는 이유는 자신을 객관화해서 볼 수 있는 메타인지가 부족해서입니다.

스톡데일 패러독스

✦

Stockdale paradox

스톡데일 패러독스는 합리적 낙관주의 혹은 현실적 낙관주의를 말하는 것으로 '희망의 역설'이라고도 하겠습니다.

세상을 살아가는 데 낙관적인 자세만큼 좋은 것은 없다고 생각합니다. 하지만 곤경이나 위험에 처했을 때, 또는 경영자나 정책을 입안하는 입장에서는 경계해야 할 태도입니다. 여기에서 말하는 현실적 낙관주의라는 것은 현실 상황을 있는 그대로 받아들이되 긍정적인 자세를 유지하는 것을 말합니다.

이 패러독스의 이름인 제임스 스톡데일은 베트남 전쟁 당시 미국의 해군 폭격기 조종사로 참전했습니다. 그는 북베트남에 포로로 잡혀 1965년부터 1973년까지 7년 반을 하노이 힐턴 포로수용소에 갇혀 있었습니다. 그중 4년은 독방에 갇혀 20여 차례 고문을 받으면서도 저항했습니다. 그는 자신을 선전물로 이용하려는 촬영을 거부하려고 자해를 하기도 했습니다.

이런 최악의 상황에서도 스톡데일은 잘 될 것이라는 믿음을 잃지 않고, 현실의 어려움을 직시하며 대비했습니다. 낙관적이기만 한 포로들은 곧 나갈 수 있다고 믿었지만, 계속된 상실감에 못 이겨 죽고 말았습니다. 살아남은 스톡데일은 귀국 후 전쟁영웅으로 존경을 받으며 해군 중장으로 예편하게 됩니다.

1992년 미국 대선에서 돌풍을 일으킨 제3의 후보 로스 페로가 스톡데일을 러닝메이트, 즉 부통령 후보로 지명했습니다. 스톡데일은 엉겁결에 TV 토론에 나갔으나 준비가 없었던 탓에 망신을 당하고 맙니다. 부통령 후보 자리를 너무 낙관적으로 본 것인지, 말 그대로 스톡데일 패러독스의 함정에 빠지고 말았습니다.

2001년 미국 경영전문가 짐 콜린스는 책 『좋은 기업을 넘어 위대한 기업으로』에서 위대한 기업으로 도약한 회사들의 공통적인 특징을 '스톡데일 패러독스'라고 이름 붙였습니다. 어려움에 처한 회사들 중에 그 현실을 외면하지 않고 정면 대응한 회사들은 살아남았고, 시간에 기대어 낙관한 회사들은 망했다는 것입니다.

3장

사회적
법칙

맥거핀 효과

✦

MacGuffin effect

맥거핀은 속임수, 미끼라는 뜻입니다. 1950년대부터 1970년대에 이르기까지 서스펜스 장르 영화를 대표하는 앨프리드 히치콕 감독이 시도했던 극적인 장치입니다. 영화 초반부에 중요한 것처럼 등장한 소재가 나중에는 별다른 역할이나 장면 없이 사라져버려 관객의 기대 심리를 배반하지만, 그 소재는 끝까지 관객들의 동일화와 긴장감 유지에 좋은 효과를 냅니다.

히치콕의 1960년 작품 〈싸이코Psycho〉에는 여주인공이 남자 친구와 행복한 삶을 살기 위해 돈을 훔쳐 달아나는 장면이 나옵니다. 이후 돈다발은 주인공과 함께 움직이지만 영화 줄거리에는 아무 영향이 없습니다. 이 영화에서 돈은 그저 미끼 역할을 하는 맥거핀입니다. 주인공을 죽음의 장소로 안내하는 역할을 할 뿐입니다. 하지만 관객들은 가슴을 졸이며 돈의 행적을 쫓으면서 흥분과 공포를 느낍니다.

맥거핀은 히치콕 감독이 1940년 영화 〈해외 특파원〉에서 별 의미 없이 사용한 암호명입니다. 히치콕은 1962년 프랑스의 영화 감독 프랑수아 트뤼포와 가진 대담에서 맥거핀에 대해 다음과 같이 말합니다.

스코틀랜드로 가는 열차에 두 남자가 타고 있는데, 한 남자가 선반 위에 놓인 상자에 대해 다른 사람에게 묻는다. "저 선반 위에 있는 짐은 뭡니까?" "아, 저거요? 맥거핀입니다." "맥거핀이 뭡니까?" "그건 스코틀랜드의 고지대에서 사자를 잡는 데 사용하는 겁니다." "그런데 스코틀랜드 고지대엔 사자가 없잖습니까?" 그러자 남자가 대답한다. "아, 그래요? 그럼 맥거핀이 아닙니다."

이 이야기는 맥거핀이 아무것도 아니라는 것을 암시하는 히치콕 감독의 말입니다.

인터넷으로 뉴스나 기사를 보다 보면 제목과 전혀 다른 엉뚱한 내용의 콘텐츠일 때가 많습니다. 이른바 '낚였다'고 하는데, 일종의 맥거핀 효과라고 하겠지요. 이는 광고성 기사나 광고의 효과를 높이기 위해 과장해서, 또는 전혀 다른 내용의 제목을 써서 어그로를 끄는 것입니다. 맥거핀이 점점 사회적으로 부정적인 의미나 사건에 많이 사용되고 있는 실정입니다.

오컴의 면도날

✦

Ockham's razor

오컴의 면도날은 어떤 현상을 설명할 때 논리적으로 가장 단순한 것이 진실에 가까울 가능성이 있다는 뜻입니다. '단순함이 복잡함을 이긴다'는 것입니다. 14세기 프란체스코 수도회의 수사이자 스콜라 철학자였던 윌리엄 오컴의 이름에서 따 왔습니다.

복잡한 이론이나 가정을 붙이다 보면 끝없이 확장되고 나중에는 그 함정에 걸려 미궁에 빠지게 됩니다. 오컴은 여러 가설이 있을 때는 가정의 수가 가장 적은 것을 선택하고, 사유의 면도날로 논리적이지 않은 것들을 다 잘라내야 한다고 말했습니다. 1852년 윌리엄 로언 헤밀턴이 '오컴의 면도날'이라고 불렀습니다.

윌리엄 오컴은 영국의 오컴 지방에서 태어났으며, 그의 이름도 지역 이름을 땄습니다. 오컴은 교황과의 알력으로 이단으로 몰리며 4년간 유폐되었다가, 바이에른 공국 루트비히 4세의 도움으로 뮌헨으로 도주해 그곳에서 많은 저작을 남겼습니다.

아이작 뉴턴은 '진리는 항상 단순함에서 발견되어야 하며, 다양성과 혼란에서 발견되어서는 안 된다'고 말했습니다. 또 작가 오스카 와일드는 '삶은 복잡하지 않다. 우리가 복잡할 뿐이다. 삶은 단순하며, 단순한 것이 옳은 것이다'라며 통찰력 있는 말을 했습니다.

오컴의 면도날은 논리학에서 출발했으나 오늘날에는 경제성의 원리, 간결함의 원리로 경제적인 이론이나 법칙으로 많이 설명됩니다.

던바의 수

✦

Dunbar's number

인간이 사회적 관계를 맺을 수 있는 적절한 인원은 최대 150명 정도라고 합니다. 영국의 문화인류학자 로빈 던바가 주장하는 숫자로 많은 사회집단이 이 인원을 기본 단위로 편성하고 있습니다. 로마 시대 군단이 기본 130명의 중대로 구성했고, 현대 군대도 150명 내외로 중대를 편제하고 있습니다. 이 150명을 '던바의 수'라고 하며, 인간의 사회관계에서 중요한 척도라 할 수 있습니다.

　페이스북에서 팔로우가 몇십만 단위인 파워유저도 정기적으로 연락하는 친구는 150명 정도라고 합니다. 던바의 수에 따르면,

우리가 마당발이라고 일컫는 인맥 좋은 사람들도 대다수의 무리와 피상적인 관계일 수밖에 없다고 합니다. 무작정 인맥을 늘리기보다는 진정한 친구의 적정선을 찾는 것이 중요할 것 같습니다.

리보의 법칙

✦

Ribot's law

리보의 법칙은 사고나 질병 등으로 기억을 잃었을 때, 과거의 일들보다 최근의 기억부터 없어지는 현상을 말합니다. 19세기 프랑스의 심리학자 테오될 아르망 리보가 제시한 이론입니다. 그는 사고로 기억을 잃은 환자들이 예전 일은 기억을 잘하는데 비교적 최근일을 기억하지 못하는 것을 관찰합니다. 그래서 그의 이름을 따서 리보의 법칙이라고 합니다.

현대인은 수명이 길어지면서 치매를 가장 걱정합니다. 65세이상 노인의 치매 발병률은 약 10퍼센트 내외로 더 이상 남의 일이 아닙니다. 치매 환자들의 특징 중 하나가 예전 기억은 남아 있는데 최근 기억이 사라진다는 것입니다. 대부분의 치매 환자나 가족들은 병이 꽤 진행된 상태에서 병원을 찾는다고 합니다. 치매 환자가 옛날 일들을 워낙 잘 기억해 설마 했다는 것입니다.

리보의 법칙은 살아오면서 획득한 심리적 기능들을 순서를 역행해 잃어버린다는 것입니다.

펠츠만 효과

✦

Peltzman effect

펠츠만 효과는 안전망을 갖출수록 이를 믿고 위험을 무릅쓰는 사람이 많아져 오히려 사고가 더 늘어난다는 '안전의 역설'입니다.

1975년 시카고대학교의 경제학 교수 샘 펠츠만이 『정치경제학 저널』에 「자동차 안전 규제의 효과」라는 제목으로 논문을 발표했습니다. 그의 이름을 붙여서 펠츠만 효과라고 합니다. 펠츠만은 자동차에 안전벨트, 이중 브레이크, 안전유리 등 안전 장치를 의무적으로 설치하도록 법적으로 규제했지만, 오히려 차량 사고가 더 많아졌다고 지적했습니다. 물론 사망률은 낮아졌지만 사고 수가 늘어나 사망자 수는 더 증가했다는 것입니다.

펠츠만 효과의 이론적 근거는 '리스크 보상risk compensation 이론'입니다. 인간은 자신이 안전하게 보호받는다고 느끼면 느낄수록 그만큼 위험을 더 즐기려는 태도를 보인다는 이론입니다. 경제학자들은 이를 '도덕적 해이moral hazard'라고 부릅니다.

2008년 일어난 글로벌 금융 위기 때 도덕적 해이가 문제가 되었습니다. 원래 파생 상품이라는 것은 불확실한 미래에 대한 위험을 감소하는 것이 목적입니다. 그런데 리먼브라더스는 파생 상품을 여러 금융 상품과 결합하면서 재앙을 키웠습니다. 결국 서브프라임 모기지 부실과 파생 상품 손실로 약 6000억 달러의 채무를 감당하지 못하고 리먼브라더스는 파산했습니다. 이에 따른 연쇄 반응으로 글로벌 금융 위기가 오게 됩니다.

당시 리먼브라더스는 서브프라임 모기지라는 혁신적인 금융 상품을 내놓았는데, 그 바람에 미국에서 일반인들이 빚을 내어 집을 장만하기가 쉬워졌습니다. 결국 더 많은 사람이 안전하다고 믿고 집을 샀고, 금융 회사들은 저당권을 파생 상품으로 몰아넣어 금융 위기를 초래했습니다. 안전망을 믿고 은행과 금융인들이 방만한 경영과 투자를 한 탓에 벌어진 사태입니다. 인간은 늘 위험을 피하고 안전하게 대비한다고 하지만, 그 안전망 때문에 새로운 위험을 맞이할 수도 있다는 교훈으로 삼아야 합니다.

파킨슨의 법칙

✦

Parkinson's law

파킨슨의 법칙은 공무원의 숫자가 업무량과 관계없이 계속해서 증가하는 현상을 말합니다.

1958년 영국의 역사학자이자 경영연구가였던 시릴 노스코트 파킨슨이 『파킨슨의 법칙』이라는 제목으로 책을 출간했는데, 원래는 『이코노미스트』지에 유머 에세이로 쓴 것을 발전시킨 이론입니다.

파킨슨은 제2차 세계대전 당시에 해군에 근무하면서 영국 해군의 인력 구조 변화를 담은 통계 자료에 주목했습니다. 1914년

부터 1928년까지 영국 해군 장병과 군함의 수는 14만 6000명에서 10만 명으로 줄었고, 군함은 62척에서 20척으로 줄었습니다. 하지만 해군본부에 근무하는 공무원은 2000명에서 3500명으로 80퍼센트가량 늘어났다고 합니다.

왜 관리하는 공무원은 늘어났을까요? 파킨슨은 두 가지 이유를 제시합니다. 첫째, 공무원은 경쟁자가 아닌 부하들이 크게 늘어나는 것을 원한다. 둘째, 공무원은 서로를 위해 일을 만든다.

파킨슨의 법칙은 관료화된 거대 조직의 비효율성을 비판하는 것입니다. 공무원은 자신이 몸담고 있는 조직이 커지고 조직원과 예산이 늘어나는 것을 원합니다. 결국 일이 많아서 사람이 필요한 것이 아니라 사람이 많아져서 일이 필요하게 된 것입니다.

애덤 스미스와 데이비드 리카도 등 자유주의 경제학에서는 '작은 정부'를 주장합니다. 정부의 규모를 축소해 재정 지출을 줄이고 민간의 자율성을 높여야 한다는 것입니다.

1929년 대공황의 여파로 만들어진 뉴딜 정책은 정부의 규모를 큰 정부로 전환하는 계기가 되었습니다. 이후 비대해지고 비효율적인 큰 정부가 자본주의 경제를 퇴색시키고 있다며 '작은 정부론'이 호응을 얻고 있지만, 여전히 해결되지 않고 있습니다. 심지어 개혁을 주장하던 정권조차도 파킨슨의 법칙을 따라가는 행태를 보이고 있습니다.

쿨리지 효과

✦

Coolidge effect

쿨리지 효과는 성관계 파트너를 바꾸었을 때 성욕이 증가하는 현상을 말합니다. 미국의 생물학자 프랭크 비치가 미국의 30대 대통령 존 캘빈 쿨리지의 일화를 이용해서 붙인 이론입니다.

쿨리지는 어느 날 부인과 함께 시골 농장을 방문했습니다. 부인이 수탉의 짝짓기 모습을 보고 있자, 양계장 안내인이 수탉은 보통 하루에 열두 번 정도 짝짓기를 한다고 설명했습니다. 그러자 부인이 안내인에게 "대통령에게도 이 사실을 알려주세요"라고 말합니다. 수탉 이야기를 들은 쿨리지 대통령이 안내인에게 "수탉은 매일 같은 암탉과 짝짓기를 합니까?"라고 묻자, 안내인은 "아뇨, 매번 다른 암탉과 관계를 합니다"라고 답했습니다. 그러자 쿨리지는 "내 아내에게도 그 이야기를 전해주세요"라고 말했습니다.

수컷 쥐 한 마리를 암컷 쥐 네 마리와 함께 우리에 가두면, 수컷은 모든 암컷과 짝짓기를 하고 더 이상 짝짓기를 할 수 없을 만큼 지친다고 합니다. 그런데 새로운 암컷 쥐가 나타나면 수컷은 다시 회복해 짝짓기를 한다고 합니다. 황소도 짝짓기를 하지 않은 암소가 남아 있는 한 같은 암소와는 짝짓기를 하지 않는다고 합니다.

여기까지 보면 인간도 그럴 것 같은데 오히려 반대 현상을 나타낸 연구 결과가 있습니다. 독일의 심리학자 디트리히 클루스만이 2002년 성인 남녀 1865명을 대상으로 조사를 했습니다. 남성은 시간이 지나도 파트너와 잠자리를 계속하겠다는 의사가 줄지 않았으나, 여성은 8년이 지나면 20퍼센트 정도만이 남편과 관계를 하고 싶다는 대답이 나왔습니다. 쿨리지 효과가 나타난 것은 남성이 아니라 여성인 것이죠.

진화심리학자들은 지구상의 모든 동물 중에서 일부일처제를 하는 동물은 3퍼센트에 불과하다고 하면서, 일부일처제가 동물 본성에 어긋나는 사회제도라고 주장하기도 합니다.

넛지

✦

Nudge

넛지는 사람들의 선택을 유도하는 부드러운 개입을 말합니다. 넛지는 '팔꿈치로 슬쩍 찌르다'라는 단어입니다.

넛지는 미국의 행동경제학자 리처드 탈러와 법률가 캐스 선스타인이 쓴 책 『넛지: 똑똑한 선택을 이끄는 힘』의 제목인데, 오랜 시간 베스트셀러가 되었습니다. 1997년 리처드 탈러는 행동경제학을 체계화한 공로로 노벨 경제학상을 수상합니다.

'남자 공중 화장실 소변기에 파리를 그려 넣었더니 밖으로 새는 소변 양이 80퍼센트 줄었다.'

'교내 식당에서 영양사가 음식의 위치를 바꾸었더니 특정 음식 섭취가 25퍼센트의 증감을 보였다. 이를 토대로 건강에 이로운 음식의 선택을 더하게 했다.'

'미국 텍사스주에서 고속도로에 버려지는 쓰레기를 줄이기 위해 막대한 자금을 들여 캠페인을 벌였으나 효과가 없었다. 인기 풋볼 팀 댈러스 카우보이 선수들을 참여시켜 그들이 쓰레기를 줍고 "텍사스를 더럽히지 마"라고 으르렁대는 TV 광고를 제작한 뒤 엄청난 쓰레기를 감소시켰다.'

겉보기에는 사소하고 작은 요소라 해도 사람들의 행동 방식에 커다란 영향을 끼칠 수 있는 것이 넛지입니다.

리누스의 법칙

✦

Linus's law

리누스의 법칙은 소프트웨어 개발에 많은 사람이 참여할수록 오류를 찾아낼 가능성이 커진다는 뜻입니다.

　리누스 토르발스는 1991년 개인 컴퓨터 운영 체계os인 리눅스 프로그램을 개발했습니다. 리눅스는 오픈 소스로 누구나 무료로 이용하면서 수정하고 개발할 수 있게 했습니다. 리눅스의 이러한 공개적인 참여성 때문에 1997년 에릭 레이먼드는 리눅스 총회에서 발표한「성당과 장터」라는 글에서 '보는 눈이 많으면 모든 버그를 찾을 수 있다'라고 했습니다. 이를 리누스 토르발스 이름을 따서 '리누스의 법칙'이라고 합니다.

이 법칙은 또 다른 뜻을 갖고 있습니다. 리누스가 직접 작명한 것으로, 사람들의 동기 부여 요인으로 생존, 사회적 관계, 오락 세 요소를 들었습니다. 그는 이것을 리누스의 법칙이라고 정의했습니다.

사실 리누스가 리눅스를 만들었을 때 큰돈을 벌 수도 있었지만 그는 프로그램을 오픈 소스로 공개했습니다. 왜 힘들게 만든 프로그램을 공짜로 풀었느냐는 질문을 받을 때마다, 그는 '남들에게 인정받고 그렇게 일하는 것이 재미있다'고 말했습니다. 리누스가 중요하게 생각하는 것은 돈보다 '재미'와 '인정'이었고, 이것이 리누스 스스로 주장하는 리누스 법칙입니다.

콜드 리딩

✦

Cold reading

콜드 리딩은 상대방에 대한 사전 정보 없이 상대의 속마음이나 심리를 잘 알아내는 심리 기술을 말합니다. 원래는 연극이나 영화 오디션 때 리허설이나 연습 없이 주어진 대본을 큰 소리로 읽어보는 것을 뜻합니다.

콜드 리딩을 잘하는 사람을 콜드 리더라고 합니다. 콜드 리더는 상대방의 패션, 보디랭귀지, 음색, 교육 수준, 종교 등을 분석해 그 사람의 심리를 간파합니다. 점쟁이나 심리치료사 등이 이를 이용해 상대방이 비밀을 털어놓게 하거나 신뢰 관계를 형성합니다.

사람들은 어디에 잘 본다는 점쟁이가 있으면 찾아가서 점을 보고 '정말 용하다'면서 감탄하고 입소문이 돌기도 합니다. 달리 보면 그 점쟁이는 그만큼 콜드 리딩을 잘하는 것입니다.

2005년 일본의 이시이 히로유키는 책『콜드 리딩: 전 세계 1퍼센트만이 사용해온 설득의 기술』에서 "콜드 리딩은 대화 속에서 심리적인 트릭을 구사해, 생면부지인 상대의 마음을 간파할 뿐 아니라 미래의 일까지 예언하는 것"이라고 했습니다.

콜드 리딩은 부모가 자식을 교육할 때도 유용하게 쓰입니다. 자식의 얼굴 표정만 보고도 감정 상태를 유추할 수가 있고, 자식과 상호 교감하는 데 중요한 요소로 작용합니다.

콜드 리딩과 반대로 상대방의 정보를 최대한 파악해서 마음을 읽는 것처럼 가장하는 핫 리딩이 있습니다.

디드로 효과

✦

Diderot effect

디드로 효과는 하나의 물건을 구입한 후 그 물건과 어울리는 제품을 연속해서 구입하는 현상을 말합니다.

18세기 프랑스 계몽주의 철학자로 백과사전을 편찬해 지식의 대중화를 실현시켜서 프랑스 대혁명으로 나아가는 길을 열었던 드니 디드로의 에세이 『나의 옛 실내복과 헤어진 것에 대한 유감』에 나온 내용입니다.

디드로가 친구에게서 빨간색 실내복을 선물받아 입었습니다. 하지만 그것이 끝이 아니고 그는 실내복에 어울리게 책상을 바꾸었습니다. 이어서 책상에 어울리는 벽걸이 장식을 바꾸고, 결국에는 모든 것을 다 바꾸었습니다. 전에는 서재가 초라했지만 사람들이 붐볐습니다. 혼잡했지만 행복했습니다. 이제는 우아하고 질서 정연하고 아름다운 설비들을 갖췄지만 자신은 우울해졌다는 요지의 에세이입니다.

이 에세이를 단초로 1988년 캐나다의 인류학자 그랜트 매크래켄이『문화와 소비』라는 책에서 '디드로 효과'라는 말을 처음 썼습니다.

디드로 효과는 명품 마케팅 전략에 많이 이용됩니다. 처음에는 명품 브랜드 중 어떤 제품이라도 하나 사도록 유도합니다. 이후에는 소비자들이 알아서 그 제품과 조화롭고 구색이 맞는 다른 품목을 찾게 만들기 때문입니다. 이른바 토털 패션 전략입니다. 이 마케팅 기법은 나중에 전혀 다른 종류의 제품 브랜드와의 '크로스 브랜딩' 전략이 되고 컬래버레이션으로 발전합니다.

게이 지수

✦

Gay index

게이 지수는 어떤 지역이 게이에게 얼마나 친화적인지 수치화해 나타낸 지수를 말합니다.

미국의 경제학자 리처드 플로리다가 『창조적 계급의 부상』이라는 책에서 처음 게이 지수를 언급했습니다. 그는 게이 지수가 한 지역의 하이테크 산업 밀집도를 예측하는 중요한 자료라고 했습니다.

플로리다에 따르면, 게이들에게 인기 있는 지역이 하이테크 산업도 발전했다고 합니다. 미국의 상위 10대 하이테크 산업 지역과 게이가 많은 10대 도시가 대체로 겹친다는 것입니다. 샌프란시스코, 워싱턴 D.C., 오스틴(텍사스), 애틀랜타, 샌디에이고, 시애틀, 로스앤젤레스 등입니다.

반론도 있습니다. 하버드대학교 경제학자 에드워드 글레이저는 게이 지수보다 교육 지수가 하이테크 산업과 더 밀접한 관계가 있다고 했습니다. 또 다른 비평가들은 플로리다의 주장이 '경제학보다는 정치학'이라며 비판했습니다.

하지만 게이 지수에서 중요한 것은 '다양성과 개방성'입니다. 하이테크 산업 종사자들이 혁신을 위해 다양성과 개방성이 있는 지역을 선호하는 것은 당연한 현상입니다.

악마의 변호인

✦

Devil's advocate

악마의 변호인은 어떤 사안에 대해 의도적으로 반대 의견을 내는 사람을 말합니다. 1587년 교황 식스토 5세가 시작한 제도로, 로마 교황청에서 성인을 승인하는 시성식에서 찬반 토론을 유도하기 위해 만들어졌습니다. 찬성하는 쪽은 신의 변호인, 반대하는 쪽은 악마의 변호인이 되었습니다. 악마의 변호인이 된 사람은 자신의 진심과 무관하게 반대 의견을 제출해야만 했습니다. 이 제도는 1983년 교황 요한 바오르 2세가 공식적으로 폐지합니다.

일부 기업에서는 악마의 변호인 제도를 주요 의사 결정 과정에

도입했습니다. 경영학자 피터 드러커는 경영자는 반대 의견이 없으면 결정을 내리면 안 된다고 말했습니다. 특히 2008년 글로벌 금융 위기의 도화선이 된 미국의 투자은행 리먼 브라더스에서는 반대 의견을 입 밖으로 내었다가는 경력 단절을 면치 못한다는 분위기가 있었다고 합니다. 결국 리먼 브라더스는 파산하고 말았습니다.

물론 문제점도 있습니다. 혁신 전문가 톰 켈리는 "매일 수천 가지의 위대한 생각과 아이디어, 계획이 꽃 피우기도 전에 '악마의 변호인' 손에 뜯겨 나간다"고 주장했습니다.

교황청에서 '악마의 변호인' 제도를 폐지한 이후 성인 반열에 오른 인물은 500명이나 되었습니다. 이는 20세기 초에 비하면 매년 성인이 되는 비율이 20배나 높아진 것입니다.

빈 둥지 증후군과 부메랑 세대

✦

Empty nest syndrome / Boomerang generation

빈 둥지 증후군은 자녀의 취업, 결혼 등으로 자녀가 독립해 집을 떠났을 때 느끼는 상실감과 소외감을 말합니다.

원래는 중년의 주부가 남편의 사회생활과 독립된 개체로 성장하는 자녀를 보면서, 자신의 전부라고 생각했던 가정에 혼자가 되었다는 불안감을 느끼는 정신 질환입니다. 공소 증후군이라고도 합니다. 지금은 남녀 불문하고 부모가 느끼는 외로움을 말하며, 우울증으로 발전할 가능성이 많습니다.

특히 자식에게 올인 하는 한국 사회에서는 이 증후군을 흔하게 볼 수 있습니다. 상실감만 있는 것이 아니라 경제적인 후유증도 상당히 심합니다. 아이 양육과 교육비 때문에 노후의 경제력이 파탄나는 풍경을 심심치 않게 봅니다. 빈 둥지 증후군은 한국뿐만 아니라 전 세계적인 현상입니다. 핵가족 중심 사회가 되면서 상실감이더 커지고 있는 실정입니다.

반대로 부메랑 세대는 미국에서 독립해 나간 자식들이 경제적인 이유로 다시 부모 품으로 돌아오는 현상을 말합니다. 취직은 했지만 대도시의 임대료와 생활비를 감당하기가 버거운 18~34세 연령 집단이 부모와 같이 사는 비율이 1998년 8퍼센트에서 2008년 34퍼센트로 높아졌습니다. 이는 우리나라도 마찬가지이며, 경제적 여건 때문에 부모에게 기대어 사는 젊은 층이 많아지고 있는 실정입니다.

인정 투쟁

✦

Struggle for recognition

"인간의 행동을 지배하는 가장 기본적인 원리는, 다른 사람의 인정에 대한 갈구이다."

미국의 철학자이자 심리학자 윌리엄 제임스가 인간의 욕구에 대해 쉽게 정의했습니다. 사회적 동물인 인간의 삶은 인정 투쟁의 역사라 할 수 있습니다.

독일 철학자 게오르크 빌헬름 프리드리히 헤겔이 처음으로 정의한 인정 투쟁 개념은 자기 안에 또 다른 자아가 있는데, 그 자아를 타자로 인식하며 투쟁 끝에 그 타자가 자신의 가치를 인정해주는 것을 말합니다. 사실 좀 어려운 내용인데, 이 개념을 이데올로기 차원에서 대중화한 학자는 프랜시스 후쿠야마입니다.

일본계 미국인인 후쿠야마는 "우리가 노동을 하고 돈을 버는 것은 먹고살기 위함이 아니라 그러한 활동을 통해서만 우리는 인정받을 수 있기 때문이다. 파업도 자신의 노동을 다른 사람의 노동과 비교해 정당한 보상을 받고 노동의 진정한 가치를 인정하라는 요구이다"라고 말했습니다.

인정 투쟁은 그 목표가 권력의 획득이 아니라는 점에서 권력 투쟁과 다르지만, 인정을 획득했다는 것은 권력을 차지했다는 것과 같은 뜻입니다. 그래서 인정의 통속화가 진행되고 있는 오늘날 SNS에서는 인정 투쟁이 활발하게 펼쳐지고, 인간의 욕구가 적나라하게 드러나 보입니다.

과거에는 자기를 과시하기 위해서는 사람들을 직접 만나야 했고 적절한 시기를 맞추는 노력을 해야 했지만, 온라인은 이런 번거로움을 일거에 해소했습니다. 많은 폐해에도 불구하고 더 많은 사람이 SNS에 집착하고 그 공간을 통해서 자신의 인맥과 소비 행태 등을 자랑하면서 인정 투쟁 중입니다.

자아 고갈과 번아웃 증후군

✦

Ego depletion / Burnout syndrome

'사람의 의지력은 아침과 한낮에 최고를 발휘하는 데 반해, 저녁에는 더 강한 의지의 지배적인 힘에 쉽게 굴복한다.' 아돌프 히틀러가 『나의 투쟁』에서 한 말입니다.

히틀러의 최대 무기는 연설이었습니다. 사실 히틀러의 목소리는 좋지 않았고, 연설의 구성이나 내용도 별로였습니다. 그럼에도 그의 연설은 청중을 사로잡았습니다. 그 비결에 대해 미국의 정신분석가 월터 랭어는 히틀러가 청중들이 지치고 저항력이 가장 느슨해지는 늦은 저녁에 연설 순서를 잡았다는 데 있다고 했습니다.

사람들이 저녁에 저항력이 약해지는 것에 대해 1998년 미국 심리학자 로이 바우마이스터는 '자아 고갈'이라는 개념을 제시하면서, 포도당이 의지력의 핵심이라고 말했습니다. 포도당이 자아 고갈로 인한 뇌의 변화를 회복시킨다고도 했습니다.

이스라엘의 가석방 전담 판사 여덟 명을 대상으로 한 연구에서 평균 가석방 승인률은 35퍼센트였는데, 식사 후에는 65퍼센트로 크게 상승했다고 합니다. 식사 시간 직전에는 거의 0퍼센트까지 떨어지는 현상을 볼 수 있었습니다. 피곤하고 배고픈 판사들이 가석방 요청을 쉽게 거부하는 경향을 보인다는 것입니다. 즉, 자아 고갈은 정신적 에너지가 소진되어 자기 통제력을 잃게 되는 상태를 말합니다.

번아웃 증후군은 어떤 일을 열심히 하던 사람이 극도의 신체적, 정신적 피로감을 호소하며 무기력해지는 현상을 말합니다. 말 그대로 어느 시점에서 연료가 다 타버리고 소진되어 멈춰 서는 것처럼, 너무 의욕적으로 일하는 현대인들에게 주로 나타나는 증상입니다.

번아웃은 1974년 독일 출신 미국 심리학자 허버트 프로이덴버거가 만든 말입니다. 번아웃 증후군은 독일에서 국민 질병이 되었을 정도로 독일적인 현상입니다. 그래서 이 분야의 전문 연구도 독일에서 많이 이루어졌습니다.

동양에서는 독일과 닮은 일본에서 사회적 문제로 대두되었습니다. 번아웃 증후군에 대해 일본의 심리학자 사이토 이사무는 '근면하고 성실한 성격으로 무슨 일이든 열심히 하는 사람이 빠지기 쉬운 현상의 하나"라고 했습니다. 한국도 마찬가지로 회사에서 A급 인재들이 번아웃 증후군에 빠지는 경우가 많다고 합니다.

사회적 촉진 이론

✦

Social facilitation theory

사회적 촉진 이론은 사람이 어떤 과업을 수행할 때 혼자 하는 것보다 집단으로 수행하는 것이 훨씬 높은 성과를 이룰 수 있다는 개념입니다.

사회적 촉진에는 두 가지 유형이 있습니다. 첫째, 함께 참여하는 사람이 있을 때 나타나는 공통 행동 효과와 둘째, 구경하는 관중이 있을 때 나타나는 관중 효과가 있습니다. 집에서는 밥을 잘 안 먹는 아이가 유치원에서는 밥을 잘 먹는 것은 공통 행동 효과이고, 누군가 지켜보고 있을 때 잘하는 것은 관중 효과입니다.

1897년 미국의 심리학자 노먼 트리플렛은 실험 결과 사이클 선수가 혼자 달리는 것보다 다른 선수들과 함께 달리는 것이 기록이 더 좋다는 것을 확인했습니다. 1928년에는 심리학자 플로이드 헨리 올포트가 똑같은 과업을 홀로 하는 것보다 다른 사람들과 더불어 하는 것이 생산성이 더 높다는 것을 확인했습니다.

　　왜 많은 학생이 소음도 있고 주위가 산만한 카페에서 공부할까요? 이 또한 타인의 시선을 의식한 사회적 촉진 이론으로 충분히 설명될 것 같습니다. 함께 먹으면 더 맛있고, 음주도 사람이 많아야 술맛이 더 나는 것 같고, 누가 보고 있으면 더 열심히 하는 것도 같은 개념입니다.

　　심지어 바퀴벌레도 다른 바퀴벌레가 보고 있으면 더 빨리 뛰고, 개미는 다른 개미들이 옆에 있으면 흙을 더 빨리 파고, 닭은 다른 닭들이 함께 있으면 모이를 60퍼센트까지 더 먹는다고 합니다.

메라비언의 법칙

✦

The law of mehrabian

메라비언의 법칙은 사람을 판단할 때 가장 영향을 미치는 요소가 얼굴(보디랭귀지) 55퍼센트, 목소리 38퍼센트, 대화 내용 7퍼센트라는 것입니다. 이란 출신의 미국 캘리포니아대학교 심리학과 교수 앨버트 메라비언이 책『침묵의 메시지』에서 제시한 이론입니다. 즉, 상대방의 언어보다는 표정이나 제스처, 음성 같은 시각, 청각적 요소에서 더 많은 것을 읽을 수 있고 이미지가 중요하다는 법칙입니다.

우리는 흔히 '만나서 이야기하자'면서 모든 상황이 대화를 하면 좋아질 것이라는 생각을 하고는 합니다. 하지만 영국의 임상심리학자 스티븐 브라이어스는 책 『엉터리 심리학』에서 "우리가 너무 의사소통을 잘하기 때문에 사람들과 갈등을 빚는 것이다"라며 "대화는 모든 것을 해결해주지 않는다. 논쟁이 벌어지려고 하면 잠시 자리를 피하라"라고 조언합니다. 언어가 주는 한계를 지적한 것입니다.

경영학자 피터 드래거는 "커뮤니케이션에서 가장 중요한 것은 상대방이 입으로 말하지 않는 것을 듣는 것이다"라며 비언어적 요소인 보디랭귀지의 활용을 강조했습니다.

고슴도치 딜레마

✦

Porcupine's dilemma

고슴도치 딜레마는 인간관계에서 친밀하게 지내고 싶으면서도, 타인에 대한 두려움 혹은 상처를 받을까 하는 걱정 때문에 적당히 거리를 두고 싶어 하는 양면적인 심리 상태를 말합니다.

독일의 철학자 아르투어 쇼펜하우어가 마지막으로 발표한 책 『부록과 추가』에서 고슴도치 우화를 소개한 데서 시작되었습니다. 이후 정신분석학자 프로이트가 『집단 심리학과 자아의 분석』에서 고슴도치 딜레마를 본격적으로 인용하며 널리 알려졌습니다. 고슴도치들은 추운 겨울날 서로 모여 체온을 유지하고 싶어도,

날카로운 가시가 서로를 찔러서 시행착오 끝에 서로의 머리를 맞대고 잠을 잔다고 합니다.

고슴도치 딜레마의 사례로 프랑스의 대통령이었던 샤를 드골이 언급됩니다. 군인 출신인 그는 대통령으로 재임한 10년 동안 비서나 참모, 고문들의 임기를 2년도 못 채우게 했습니다. 군대처럼 인사이동의 유동성이 주는 긍정적인 측면의 영향을 받아 직원을 한자리에 오래 두지 않았습니다. 그 덕분인지 직원들은 매너리즘에 빠지지 않았고, 새로운 의견을 수렴해 진취적으로 일할 수 있었습니다. 하지만 드골과 참모진은 정서적 유대감을 쌓을 수는 없었다고 합니다.

인간은 외로워서 또는 필요에 따라 관계를 맺지만, 타인에게 상처받는 상황이 오기도 합니다. 그래서 요즘은 인간관계에 부담을 느끼는 1인 가구가 많이 늘어나는 추세입니다. 또 온라인상에서 한 번도 만나본 적이 없는 친구들과 적당한 거리를 유지하면서 소통합니다. 타인과 교제하면서 신경 써주며 시간과 돈과 정신을 낭비하느니 혼자 편하게 지내는 것이 낫다는 '신인류 고슴도치'가 늘고 있다고 합니다.

외상 후 스트레스 장애

+

PTSD
Post traumatic stress disorder

외상 후 스트레스 장애는 죽음을 초래할 정도로 충격적인 사고를 경험한 뒤, 반복적으로 사고를 떠올리며 심한 고통을 받는 증상을 말합니다.

PTSD는 주로 전쟁, 재난, 교통사고, 성폭행과 같이 생명을 위협하는 경험을 한 사람들에게 나타나는 정신 질환입니다. 대개는 시간이 지남에 따라 무서웠던 사고의 기억이 잊히면서 안정을 찾습니다. 하지만 약 10퍼센트는 사고 당시의 긴장과 불안이 가시지 않은 채 불면증, 우울증, 울분, 분노, 무력감 등의 증세가 나타나게 됩니다.

트라우마trauma는 '뚫다'라는 뜻의 그리스어에서 유래한 말인데, 전장에서 방패를 뚫을 만큼 강력한 자극이 마음의 상처를 낸다는 것입니다. 역사가 헤르도토스는 고대 그리스의 마라톤 전투에서 다치지도 않은 병사가 다른 병사가 죽을 때마다 눈이 머는 증상을 보였다고 기록하고 있습니다.

문제는 외상 후 스트레스 장애가 우리 주변에서 늘 벌어지고 있다는 것입니다. 세월호 참사, 이태원 참사, 묻지마 폭행과 살인, 그리고 한 해에 20만 건 이상 일어나는 교통사고 등 사고와 사건이 끊임없이 일어나고 있습니다. 죽음을 목격한 뒤 남겨진 누군가는 이 PTSD 증상으로 고통을 받고 있습니다. 우리 모두가 후유증에 시달리는 사람들의 상처를 보듬는 이해와 노력이 필요한 시점입니다.

부메랑 효과

✦

Boomerang effect

부메랑 효과는 인간의 자유로운 선택이 제한을 받으면 자유를 유지하려는 욕구가 강해지면서 일어나는 심리적 반발을 말합니다. 반발 효과reactance effect라고도 합니다.

1960년대 미국 스탠퍼드대학교의 심리학자 조너선 프리드먼은 7~10세 남자아이들을 대상으로 실험을 했습니다. 첫 번째 집단에게는 장난감에 손대면 화를 내고 큰 벌을 줄 것이라고 위협했고, 두 번째 집단에게는 부드럽게 장난감에 손대지 말라고 했습니다.

연구자가 자리를 비운 동안 첫 번째 집단은 77퍼센트, 두 번째 집단은 33퍼센트가 장난감에 손을 대었습니다. 즉 강한 위협 때문에 금지된 것을 더 하고 싶어 하는 반발 심리가 일어난 것입니다. 독일의 심리학자 옌스 푀르스터는 금지가 오히려 금지된 것을 하겠다는 목표를 더 활성화한다고 말했습니다.

셰익스피어의 희곡『로미오와 줄리엣』은 10대의 젊은 남녀가 서로 사랑했으나 두 가문의 불화 때문에 사랑을 이루지 못하고 동반 자살하는 내용입니다. 이에 대해 애리조나주립대학교의 심리학 교수 로버트 치알디니는 '그 어린 남녀가 그 짧은 시간에 그토록 격정적인 사랑에 빠질 수 있을까? 양가의 반대라는 장벽이 생겨서 더 열렬히 타올랐다'며 이를 자유의지를 실현시킨 부메랑 효과라고 했습니다. '로미오와 줄리엣 효과'라고도 부릅니다. 작품에서 정확한 나이는 나오지 않지만 내용상 줄리엣은 13~14세, 로미오는 16~17세 정도로 추정합니다.

부메랑 효과를 경제학에서는 선진국이 개발도상국에 원조나 기술을 제공해 개발도상국에서 만든 제품들이, 역으로 선진국에 들어와 선진국 제품과 경쟁하는 현상을 말하기도 합니다. 환경적인 측면에서는 인간이 파괴한 자연 생태계와 환경오염이 다시 인간에게 나쁜 영향을 끼치는 것을 말합니다.

프레임 이론

✦

Frame theory

프레임 이론이란 사람이 어떤 대상이나 개념을 대했을 때 직관적으로 떠오르는 사고의 틀이나 뼈대를 말합니다. 프레임은 '틀'을 뜻하는 단어입니다. 똑같은 풍경이라도 사진을 찍는 사람이 어떤 프레임으로 접근하느냐에 따라 사진이 갖는 의미는 달라집니다.

"프레임이란 우리가 세상을 바라보는 방식을 형성하는 정신적 구조물이다. 정치에서 프레임은 사회 정책과 그 정책을 수행하고자 수립하는 제도를 형성한다. 프레임을 바꾸는 것은 이 모든 것을 바꾸는 것이다."

2006년 미국의 언어학자 조지 레이코프가 책 『코끼리는 생각하지 마』에서 이렇게 말하며 프레임이라는 말을 유행시켰습니다.

예를 들어 미국의 어느 백화점에서 '고객 불만 처리팀'을 '품질 보증팀'으로 이름을 바꾸자 직원들의 업무 실적과 사기가 높아졌습니다. 의사가 환자나 보호자에게 수술 한 달 후 생존율이 90퍼센트라고 말하는 것과 수술 후 한 달 내 사망률이 10퍼센트라고 말하는 것은 같은 내용입니다. 하지만 환자나 보호자 입장에서는 전혀 다르게 받아들입니다. 이처럼 큰 차이를 낼 수 있는 어떤 일에 대한 묘사 방식을 프레임이라고 합니다.

초두 효과와 최신 효과

+

Primacy effect / Regency effect

초두 효과는 처음에 제시된 정보가 나중에 제시된 정보보다 더 강한 영향력을 발휘하는 현상을 말합니다. 사람을 만났을 때 처음에 느끼는 첫인상이 중요하다는 것은 누구나 알고 있습니다. 이 또한 초두 효과입니다.

1946년 심리학자 솔로몬 애쉬가 다음과 같은 실험을 했습니다. 피험자들에게 어떤 사람을 묘사하는데 "영리하다, 부지런하다, 충동적이다, 비판적이다, 고집불통이다, 시기심이 강하다" 순서로 말했습니다. 또 다른 피험자들에게는 순서만 바꾸어서 "시기심이 강하다, 고집불통이다, 비판적이다, 충동적이다, 부지런하다, 영리하다"라고 묘사했습니다. 그리고 피실험자들에게 해당 인물의 평가를 작성케 했습니다.

그랬더니 긍정적인 형용사로 시작한 쪽이 해당 인물에 대해서 훨씬 더 좋은 평가를 내렸습니다. 자료의 앞부분에 제시된 단어나 항목이 나중에 제시된 것보다 잘 기억된다는 것입니다.

반대로 가장 나중에 제시된 정보를 더 잘 기억하는 현상을 최신 효과라고 합니다. 회사에서 업적을 평가할 때 전체 기간의 실적을 평가하기보다 최근의 실적에 집중하는 것도 최신 효과로 인한 오류입니다.

최신 효과는 미국의 심리학자 로버트 라나가 제시한 개념입니다. 그는 친숙한 내용일수록 초두 효과가 나타나고 낯선 내용일수록 최신 효과가 나올 가능성이 높다고 했습니다.

미치광이 이론

✦

Madman theory

미치광이 이론은 상대에게 자신을 미치광이처럼 보이게 해 협상을 유리하게 이루어가는 전략을 말합니다. 1969년 미국의 리처드 닉슨 대통령이 베트남 전쟁이 불리하게 돌아가고 북베트남과의 평화회담이 교착 상태에 빠지자 참모였던 H. R. 할더만에게 한 말에서 유래합니다.

당시 닉슨은 "내가 화가 났을 때는 자제할 수 없을 뿐만 아니라 항상 핵 버튼에 손을 올려놓고 있다는 것이 북베트남에 흘러가도록 해야 하네. 전쟁을 끝내기 위해서 뭐든지 할 것이라는 것을 북베트남이 믿도록 해 호찌민이 파리의 협상 테이블로 오게 해야 하네. 나는 이것을 미치광이 이론이라고 이름 붙이려고 하네."

정치 외교에서 이런 미치광이 이론을 전수받은 이는 도널드 트럼프였습니다. 그는 대통령 취임을 앞두고 "전 세계가 미국에 대한 두려움으로 떨도록 만드는 동시에 존경심도 품을 수 있게 균형을 잡아야 한다"고 했습니다. 또 북한의 김정은도 전쟁 광기를 갖고 예측불허의 미치광이 이론을 사용하고 있다고 말하고 있습니다.

미치광이 이론은 '벼랑 끝 전술brinkmanship' '치킨 게임chicken game'과 유사한 전략입니다.

암묵지

✦

Tacit knowledge

암묵지는 개인이 체험이나 학습을 통해서 지식을 습득하지만 문자로 설명하기 어려운 겉으로 드러나지 않는 지식을 말합니다.

　방송이나 맛집 사장님이 음식에 관한 레시피를 알려줍니다. 똑같은 재료와 구성으로 조리했는데 그 맛이 나지 않습니다. 이른바 '손맛'입니다. 이것은 말이나 글로 설명하기 어렵고 오랜 시간 옆에서 지켜보아야 가능한 지식으로, 이런 유형의 지식을 암묵지라고 합니다.

　헝가리 출신으로 영국에서 활동한 화학자이자 철학자인 마이클 폴라니는 『개인적 지식』이라는 책에서 지식을 겉으로 분명하게 표현된 것을 이해할 수 있는 표출적 지식explicit knowledge과 표현하기 어려운 암묵적 지식으로 나누었습니다. 폴라니는 자전거 타는 법은 말로 설명하기 어렵지만 일단 탈 줄 알게 되면 평생을 잊어버리지 않는다며 자전거 타기를 예로 들었습니다.

공유지의 비극과 그리드락

✦

Tragedy of the commons / Gridlock

공유지의 비극은 공유 자원의 이용을 개인의 자율에 맡기면 자원이 고갈되는 현상을 말합니다. 1968년 생태학자 개릿 하딘이 『사이언스』지에 발표한 논문에서 유래합니다. 하딘은 "모두에게 개방된 목초지가 있다면, 목동들은 자신의 사유지는 보존하고, 이 목초지에만 소를 방목해 곧 황폐해질 것이다"라고 했습니다.

오늘날 공유지의 비극은 여전히 진행형입니다. 천연자원의 과잉 이용, 어족 자원의 고갈, 기후 변화와 환경 문제 등 다양한 분야에서 벌어지고 있으며 생태계를 파괴하고 있습니다.

사실 개인은 열심히 이익 추구를 했지만 사회 전체로는 이익이 증대된 것이 아니라 사회 전체 이익의 축소와 파멸을 가져온 결과가 되었습니다. 개인의 이기심이 극대화되면 공동체가 파멸할 수 있다는 경고입니다. 그러므로 전 세계가 적극적으로 합의해서 공유 자원을 사용해야 합니다.

반대로 한 자원에 너무 많은 소유자가 생기면 자원을 이용할 수 없게 되고 상호 협력마저 어려워져 자원이 낭비되고 대중에게 고통을 안겨주는 반공유지의 비극이 발생합니다. 이를 '그리드락'이라고 합니다.

2008년 미국 컬럼비아대학교의 법대 교수 마이클 헬러는『소유의 역습 그리드락』에서 지나치게 많은 소유권이 경제활동을 방해하고 부의 창출을 가로막는 현상을 그리드락이라고 불렀습니다. 그가 보여준 몇 가지 사례를 보겠습니다.

미국에서 항공 산업에 대한 규제가 풀리면서 비행기를 이용하는 고객 수가 세 배 늘었지만, 1975년 이후 새로 건설된 공항은 덴버공항 한 군데뿐이었습니다. 이는 토지 소유자들이 공항 건설 계획을 방해해 공항을 지을 토지가 없었기 때문입니다.

또 지난 30년 동안 등록된 DNA 관련 특허만 4만 개가 넘는데, 이렇게 특허가 누적되는 것은 신약 개발에 방해가 된다고 합니다. 특허비가 신약 개발 이익을 초과하는 경우도 있으며, 제약사들이 연구개발보다 소송에 힘을 쏟고 소송이 두려워 개발을 포기하는 경우가 많다는 것입니다. 인류의 건강과 생명이 그리드락에 걸린 것입니다.

시간압축 효과

✦

Time-compression effect

왜 나이 들수록 시간이 빨리 흐를까요? 누구나 한번쯤은 생각해 봤을 것 같습니다. 네덜란드의 심리학자 다우어 드라이스마는 책 『나이 들수록 왜 시간은 빨리 흐르는가』에서 세월의 문제는 기억의 문제라고 했습니다.

어렸을 때 살던 동네나 학교를 어른이 돼서 가보면 거리가 왜 그렇게 좁고 몇 걸음 되지 않은지, 교실이나 학교는 왜 그리 작아 보이는지 새삼스러웠을 것입니다. 이와 관련해서는 여러 가지 이론이 있지만 드라이스마의 세 가지 가설이 가장 와 닿아서 소개합니다.

첫째, 망원경 효과입니다. 망원경으로 물체를 볼 때는 실제 거리보다 가깝게 느껴집니다. 과거에 겪은 일들을 실제보다 최근의 일로 기억하면서 시간적 거리가 축소되고, 시간이 빨리 흐르는 것처럼 느껴진다는 것입니다.

둘째, 회상 효과입니다. 사람들은 과거 자신의 기억 속 사건을 그즈음에 잘 알려진 사건을 지표로 삼는다는 것입니다. 그런데 나이가 들수록 지표로 삼을 사건이 줄어들고 기억도 줄어들어 시간의 흐름이 빠르게 느껴집니다.

셋째, 생리 시계 효과입니다. 나이가 들수록 도파민 분비가 줄어 중뇌에 자리한 인체 시계가 느려진다는 것입니다. 미국 신경학자 피터 맹건은 실험을 통해 연령대별로 시간을 감지하는 것이 다름을 확인했습니다. 마음속으로 3분을 헤아리게 했더니 9~24세는 3분을 3초 이내 오차로 정확히 맞췄고, 45~50세는 3분 16초, 60~70세는 3분 40초로 차이를 보였습니다. 즉, 생리 시계가 느려지니 실제 시간은 빨리 가는 것처럼 느껴진다는 것입니다.

심성 회계

✦

Mental accounting

사람들의 마음속에는 돈과 관련된 선택에서 주관적인 프레임이
설정되어 그 용도를 달리하는 마음의 계좌가 있다는 것입니다.

1980년 미국의 행동경제학자 리처드 세일러는 다음과 같은
실험을 했습니다.

상황 1. 10만 원을 가진 사람이 티켓 가격이 1만 원인 극장에
갔습니다. 그런데 가는 도중에 1만 원을 잃어버렸습니
다. 영화를 보시겠습니까?

상황 2. 10만 원이 있는데 오전에 1만 원 티켓을 구입하고, 오후에 극장에 가다 보니 티켓을 잃어버렸습니다. 다시 표를 구매해 영화를 보시겠습니까?

그래도 영화를 보겠다는 비율이 상황 1은 88퍼센트, 상황 2는 46퍼센트가 나왔다고 합니다. 세일러의 설명에 따르면 상황 1의 사람은 마음의 계좌가 한 개이고, 1만 원의 분실은 10퍼센트의 손실이라는 것입니다. 상황 2의 사람은 9만 원이라는 계좌와 1만 원짜리 영화티켓 계좌라는 두 계좌가 있는데, 두 번째 계좌에서 100퍼센트의 손실이 일어났기 때문에 손실감이 더 크다는 것입니다.

엘리자베스 딘과 마이클 노턴은 책 『당신이 지갑을 열기 전에 알아야 할 것들』에서 다음과 같이 말합니다. "우리가 신용카드를 사용하면 구매하는 순간에 느끼는 지출의 고통이 경감된다. 신용카드로 인해서 일종의 분리감이 생겨 현명한 사람도 쉽게 지출의 유혹에 빠지게 된다."

복권이나 도박으로 얻은 돈은 쉽게 써지지만 적금으로 어렵게 모은 돈은 잘 써지지 않는 것도 이런 마음의 계좌 때문이라고 하겠습니다.

경로 의존

+

Path dependence

경로 의존은 과거에 형성된 경로(제도, 규칙, 제품 등)에 익숙해졌거나 그 관성과 경로의 기득권 때문에 바꾸기 어렵거나 불가능해지는 사회경제적 현상을 말합니다.

성경 「마태복음」에 "무릇 있는 자는 받아 풍족하게 되고, 없는 자는 그 있는 것마저 빼앗기리라"라는 구절이 있습니다. 여기에 착안해서 1968년 미국의 사회학자 로버트 머튼이 「과학 분야의 마태 효과」라는 논문을 발표했습니다. 일명 '마태 효과'라고도 부릅니다.

경로 의존은 스탠퍼드대학교의 폴 데이비드와 산타페연구소의 브라이언 아서가 처음 제시한 용어로, 처음 경로가 정해지면 그 비효율성을 알면서도 바꿀 수 없다는 것입니다.

처음에 길이 나면 사람들은 그 길로 다니고, 그 길을 따라서 많은 건물과 시설이 세워집니다. 그렇게 되면 더 빠르고 좋은 길을 찾아내어도 이미 가진 기득권을 포기할 수 없어서 계속 처음의 길을 이용합니다. 결국 초기 조건이 중요한 것입니다.

2000년 전 로마 시대에 길의 폭은 말 두 마리가 끄는 전차의 폭에 맞춰졌고, 영국의 기차선로 역시 석탄을 운반하던 마차의 폭으로 정해졌습니다. 2000년 전 유산의 경로가 지금의 KTX까지 이어져오는 것입니다. 부유한 사람은 계속 부유해지고 가난한 사람은 더욱 가난해지는 부익부 빈익빈도 이런 경로 의존 현상의 하나라고 할 것입니다.

문화 지체

✦

Cultural lag

문화 지체란 물질문화의 급격한 변화를 비물질 문화가 따라가지 못하는 부조화 현상을 말합니다. 1992년 미국의 사회학자 윌리엄 필딩 오그번이 만든 말입니다.

오그번은 테크놀로지, 경제, 사회 조직, 가치 네 가지 요소의 변동 속도를 보면 순서대로 테크놀로지가 가장 빠르고 가치가 제일 늦어 이 부조화가 문화적 갈등을 초래하고 정치 사회적 혼란을 야기할 수도 있다고 말했습니다.

2000년대 들어서 IT 산업이 급격하게 발달하자 사회 여러 곳에서 가치관의 혼란을 겪었습니다. 가치가 기술을 쫓아가지 못하는 문화 지체 현상을 보인 것입니다.

특히 한국은 경제가 짧은 시간에 압축적으로 성장한 탓으로 사회 전반에 걸쳐 문화 지체 현상이 나타났습니다. 학자들은 한국이 전근대, 근대, 탈근대적 요소가 동시에 공존하는 나라라고 합니다. 2000년에 프랑스 언론인 장 피엘은 "지금 한국에서는 고대와 현대가 끝없는 싸움을 벌이고 있다. 공자가 위협받고 있지만 아직 죽지 않았다"라고 말했습니다.

한국은 최첨단의 기술과 생활양식을 누리고 있습니다. 하지만 문화적으로는 아직도 일제 식민지 문화나 유교 문화가 현대 문명과 대립하고 있습니다. 이는 전통과는 다른 의미입니다. 예를 들어 독재 정권은 사라졌으나 독재 정권 밑에서 길들여진 의식과 관행은 여전하다든지, 남녀평등을 부르짖으면서도 여전히 남아 있는 남존여비 의식 같은 것들을 말합니다.

무주의 맹시와 터널 비전

✦

Inattentional blindness / Tunnel vision

무주의 맹시無注意 盲視는 한 가지에 집중하다 보면 다른 것을 보지 못하는 현상을 말합니다.

다른 말로 '보이지 않는 고릴라Invisible gorilla'라고도 합니다. 이는 1999년 당시 하버드대 조교수이던 대니얼 사이먼스(현재 일리노이대 교수)와 대학원생 크리스토퍼 차브리스(현재 유니언칼리지 교수)가 『퍼셉션』지에 발표한 동영상 실험 결과 때문입니다.

실험 내용은 다음과 같습니다. 동영상에 농구공을 패스하는 두 팀이 나오는데 한 팀은 흰색 셔츠, 다른 팀은 검은 색 셔츠를 입고 있습니다. 동영상 시청자들에게 흰색 셔츠 팀의 패스 횟수를 세라고 말했습니다.

피험자들이 패스 횟수에 몰입하는 동안 고릴라 복장을 한 학생이 코트를 가로지르며 가슴을 두드리는 행동을 9초 동안 했습니다. 그런데 동영상을 시청한 학생 수천 명 중 절반 정도는 고릴라를 보지 못했다는 것입니다.

이후에도 이 동영상 실험을 여러 집단과 대상에게 진행했습니다. 대체로 사회적 지위가 있는 집단일수록 더 고릴라를 볼 수 없었다고 합니다. 심지어는 행동심리학자 그룹이 가장 많이 보지 못했다고 합니다.

이는 지위가 높을수록, 나이가 들수록 자신이 원하는 것만 보고 싶어 하는 것으로 해석할 수 있습니다. 달리 보면 무주의 맹시는 집중력의 효과이며, 다른 것에 주의를 분산하지 않고 제한된 자원을 더 효율적으로 사용하도록 돕는다고도 할 수 있습니다.

자동차를 운전하는 사람들에게 휴대전화 사용을 금지하는 것도 무주의 맹시의 위험성을 알기 때문입니다. 핸즈프리 또한 주의를 산만하게 하기는 마찬가지라고 합니다.

터널 비전은 터널 속으로 들어갔을 때 터널 앞만 보이고 주위는 보이지 않는 것처럼 시야가 극도로 좁아지는 현상을 말합니다.

이는 무주의 맹시의 한 부류라고 하겠습니다. 한마디로 무엇인가에 몰입하는 현상인데, 세상사가 다 그렇듯이 터널 비전도 명암이 있습니다.

지식인이 자신의 연구 주제에 터널 비전을 가지면 큰 업적을 이루기도 합니다. 그러나 자신의 전문 분야에만 몰입하다 보면 편협해질 우려가 있습니다. 또 어떤 대상에 부정적인 감정을 갖고 몰두하다 보면, 흔히 '눈에 뵈는 게 없다'고 말하는 것처럼 사고나 잘못된 행동으로 이어질 수도 있습니다.

지식의 저주

✦

The curse of knowledge

지식의 저주란 다른 사람과 의사소통을 할 때 다른 사람도 당연히 잘 알고 있을 것이라고 추측하는 인식적 편견을 가리킵니다. 한마디로 '내가 알면 남도 알 것이다'라고 생각하는 것을 말합니다.

특히 교육 현장에서 이런 현상이 많이 벌어집니다. 교사는 학생이 당연히 잘 알 것이라고 생각해 기본을 생략하고 진도를 나가는데, 정작 학생들은 수업 내용을 이해하지 못하는 경우가 많습니다. 그래서 많이 아는 것과 잘 가르치는 것은 다르다는 이야기가 종종 나옵니다. 이른바 일타 강사들이 성공한 데에는 지식이 뛰어난 것도 있지만, 그 지식의 정도보다 학생들의 눈높이를 잘 맞춘 것이 중요한 요인인 것 같습니다.

사람들은 무언가를 알게 되면 자신이 과거에 그것을 몰랐을 때를 생각하지 못해, 지식의 원활한 소통을 가로막는 현상이 나타납니다. 스탠퍼드대학교의 경영학과 교수 파멜라 힌즈의 연구에 따르면, 전문가는 초심자가 휴대폰 기술을 습득하는 데 15분 정도 걸릴 거라고 예측했지만 실제로는 30분 정도가 걸리는 식으로 초심자의 성과를 예측할 때 실수를 자주 한다고 합니다. 전문가가 자기보다 지식이나 기술이 뒤떨어지는 사람의 입장에서 생각하는 일은 쉽지 않습니다.

"어떤 것에 대해 알게 되면 그 전 상태로 돌아가기 어렵다. 선입견이 생기는 것이다. 그러면 의사소통에만 실패하는 게 아니다. 새로운 시장에서 성공할 수 없다."

카카오를 설립한 김범수의 말입니다. 그는 이미 한게임과 네이버를 성공시킨 경험이 있지만 '지식의 저주'를 잘 알고 있는 것 같습니다.

플린 효과

✦

Flynn effect

시대가 지날수록 지능 지수IQ가 높아지는 현상을 말합니다. 뉴질 랜드의 심리학자 제임스 플린이 1980년대 IQ 변동에 관해 조사 한 데서 유래합니다.

플린이 미국 군인 신병들을 대상으로 조사했더니, 지능 지수 가 10년마다 3점씩 올라간다는 사실을 확인했습니다. 이에 조사 대상국을 더 넓혀서 실시했는데, 같은 추세를 보였습니다. 20세기 초부터 전 세계에 걸쳐서 꾸준하게 지능 지수가 증가했다는 것을 알 수 있었습니다.

이 조사 결과가 지적 능력의 향상인지에 관해서는 의견이 엇갈립니다. 하지만 대체로 정신적 활동을 더 요구하는 현대 사회의 현상을 반영한 것으로 보고 있습니다. 또 정보의 양이나 질이 좋아졌고, 교육의 기회가 많아져서 지능 지수 검사의 문제 해결 능력이 좋아졌을 것이라고 추측합니다.

호손 효과

✦

Hawthorne effect

지켜보는 사람이 있느냐 없느냐에 따라서 행동에 차이가 드러나는 것을 말합니다. 1924년 미국 기업 웨스턴 일렉트릭의 호손 공장에서 실시한 근로자의 생산성을 규명하려는 실험에서 비롯되었습니다.

이 공장에서는 여러 환경 조건에서 생산성을 높이는 실험을 했지만 큰 차이가 없었습니다. 다만 근로자들이 자신들이 대학 교수들의 실험 대상이라는 사실을 인식해 생산성이 높아졌다는 결론을 얻었습니다. 이 실험을 주도했던 사람은 하버드대학교의 심리학자 조지 엘턴 메이오였는데, 정작 실험에 영향을 미친 조건은 메이오 교수였습니다. 근로자들은 유명 대학의 교수가 지켜보고 있다는 것을 알고 더 열심히 했다는 것입니다.

이런 사례는 주변에서 가끔 볼 수 있습니다. 군대를 다녀온 분들은 사단장이나 계급이 높은 사람이 방문하거나 참관한다는 것을 알면 더 열심히 청소하고 훈련에 임했던 기억이 있을 것입니다. 평소 내성적인 사람이 사장과 임원들 앞에서 프레젠테이션을 능숙하게 진행하는 모습도 호손 효과라고 볼 수 있습니다.

조해리의 창

✦

Johari's windows

조해리의 창은 인간관계에서 자신은 어떤 성향을 가지고 있고, 관계를 향상하기 위해서는 무엇이 필요한지를 설명하는 심리학 이론입니다. 1955년 미국의 심리학자 조지프 루프트와 해링턴 잉햄은 논문에서 '마음의 창'을 네 가지로 분류하고, 자신들의 이름을 따서 '조해리의 창'이라고 이름 붙였습니다.

사람들은 자기 자신에 대해서 잘 안다고 생각하면서도 가끔은 '내가 누구지?' 하는 의문에 잠기기도 합니다. 내가 어떤 사람인지 알기 위해서, 또 타인과의 관계에서 어떤 쪽으로 개선하면 좋을지

'대인 관계 이해도'에 관한 것을 그들은 네 개의 창window으로 분류했습니다.

나도 알고 남도 아는 '열린open 창'.
나는 알지만 남은 모르는 '숨겨진hidden 창'.
나는 모르지만 남은 아는 '보이지 않는blind 창'.
나도 모르고 남도 모르는 '미지의unknown 창'.

사람마다 이 마음의 창 크기가 다릅니다. 열린 창이 클 수도 있고, 미지의 창이 좁을 수도 있습니다. 이를 모델로 자신의 대인 관계와 자기 계발에 활용합니다.

언캐니 밸리

✦

Uncanny valley

언캐니 밸리는 '불쾌한 골짜기'라는 뜻입니다. 인간이 아닌 존재가 인간과 많이 닮을수록 호감도가 높아지다가, 그것이 일정 수준을 넘어서면 오히려 혐오감이 생기는 것을 말합니다. 주로 로봇에 적용되었습니다.

1970년 일본의 로봇공학자 모리 마사히로가 처음 제시했는데 로봇뿐만 아니라 인형, 3D 애니메이션, 좀비 등을 볼 때 불쾌감을 느끼는 것에도 적용될 수 있습니다.

언캐니uncanny는 '불가사의한, 무시무시한, 기분 나쁜, 불쾌한'

247

을 뜻하는 단어입니다. 심리학적으로는 친밀한 대상에게 낯설고 두려운 감정을 느끼는 것을 말합니다. 1906년 독일의 심리분석학자 에른스트 옌치가 『언캐니 심리학』에서 처음 다루었고, 지그문트 프로이트가 1919년 『언캐니 현상』에서 발전시킨 개념입니다.

2016년 홍콩에 본사를 둔 미국 로봇회사 핸슨로보틱스가 영화배우 오드리 헵번을 모델로 휴머노이드 로봇 소피아를 개발했습니다. 소피아는 인간과 유사한 질감의 피부를 가졌고, 눈에는 3D 센서가 달려 있었으며, 60여 가지 감정을 얼굴로 표현할 수 있었습니다. 2018년 한국을 방문한 로봇 소피아를 보고 사람들은 재미있어 하면서도 '무섭다, 불쾌하다, 섬뜩하다'라는 감정을 보였습니다.

구성의 오류

✦

Fallacy of composition

구성의 오류는 개별적으로는 합당한 일임에도 전체에서는 틀리게 되는 모순적인 현상을 말합니다.

예를 들어보겠습니다. 경제학자 존 메이너드 케인스는 1936년 출간한 『고용·이자 및 화폐의 일반 이론』에서 '절약의 역설'을 강조했습니다. 불황에서 개개인의 저축이 미덕이라는 사실은 누구나 공감합니다. 하지만 개개인이 모두 저축만 하면 재고가 쌓이면서 국민소득이 감소하는 현상이 발생합니다.

미국의 역사학자 윌리엄 맥닐은 1982년 『전쟁의 세계사』에서 기술혁명의 결과가 가져온 구성의 오류를 보여줍니다. 제1차 세계대전 직전에 영국 해군에서는 포격 통제 장치가 너무 복잡해진 나머지 어떤 설계를 선택할지 갈팡질팡했습니다. 이를 결정해야 할 해군 제독들이 여러 설계안의 기술적인 문제를 이해할 수 없었다는 것입니다.

구성의 오류는 우리 주변에서도 발견할 수 있습니다. 운동 경기를 관람하는데 앞줄에 앉은 사람이 경기를 더 잘 보기 위해서 일어서면, 뒷줄에 앉은 사람들도 모두 일어서야 합니다. 결국 모두가 제대로 관람하지 못하는 현상이 벌어집니다. 개인적인 차원에서는 합리적이지만 사회적으로는 불합리한 결과를 가져오는 이런 현상들이 여러 곳에서 나타나고 있는 실정입니다.

감성지능

✦

EQ
Emotional quotient

감성지능은 자신의 감정을 조절하고 타인의 감정을 인지해 원만한 인간관계를 구축하는 능력을 말하는 것입니다. 감정지능이라고도 하며, IQ와 대비되는 지능입니다.

감성지능은 정신과 논문에 처음 등장하지만, 이를 대중화한 사람은 미국의 대중심리학자이자 저널리스트인 대니얼 골먼입니다. 그는 1995년 책 『EQ 감성지능』을 냈는데, 전 세계에서 30개 언어로 번역돼 500만 부 이상 판매되면서 EQ라는 개념이 유행하게 되었습니다.

골먼은 감성지능의 다섯 가지 영역으로 자기 의식, 자기 규제, 동기 유발, 공감, 사회적 기량을 들었습니다. 골먼은 188개 회사를 대상으로 연구한 결과 고위층으로 올라갈수록 감성지능이 리더십을 결정짓는 중요한 요소였다고 말했습니다.

많은 학자는 감성지능의 과장된 효용성에 대해 반론을 제기하고 있습니다. 영국의 임상심리학자 스티븐 브라이어스는 『엉터리 심리학』에서 "감성지능이 점차 인기를 더해가면서 처음으로 이것을 제시했던 심리학자 피터 샐러비와 존 메이어의 개념은 거의 알아보기 힘든 것으로 변질되고 말았다"며, 리더십과 관련한 골먼의 주장을 궤변으로 일축했습니다.

사실 한국에서도 유아, 청소년 교육에 EQ를 강조하며, 지나친 상술과 변질된 개념으로 이용되고 있기도 합니다.

다중지능 이론

✦

Multiple Intelligence Theory

기존의 IQ에 반하는 새로운 지능으로, 인간의 능력은 단일한 것이 아니라 적어도 일곱 가지의 지능이 파이 조각처럼 서로 작용하고 각각의 지능이 똑같이 중요하다는 이론입니다.

1983년 미국 하버드대학교의 하워드 가드너 교수가 『정신의 구조: 다중지능 이론』에서 주장했습니다. 그가 말한 일곱 가지 지능은 언어, 논리와 수학, 공간, 음악, 신체, 자기성찰, 인간 친화입니다. 후에 자연지능을 추가했으며 실존지능의 추가도 고려하고 있다고 합니다.

가드너는 개개인이 가장 잘 학습할 수 있는 방법을 찾아야 한다고 말했습니다. 그는 어떤 분야에서 무한한 가능성을 보이는데도 그 능력을 발전시킬 기회를 얻지 못하는 것은 잔인한 일이라고 했습니다. 사실 전통적으로 언어와 수학에서 지능이 높은 것을 다른 분야에서도 우수한 능력을 가진 것으로 생각했고, 그 분야를 우선으로 취급해왔습니다.

하지만 가드너는 자신의 다중지능 이론이 시작할 때부터 왜곡되고 오용되어 왔다고 지적했습니다. 1990년대 호주에서는 다중지능 이론을 활발하게 응용했으며, 한 방송사가 프로그램을 만들어 방영했습니다. 이에 가드너는 자신의 교육철학을 왜곡했다며 화를 내면서, 그 당사자인 방송사의 출연 요청에 응했습니다. 가드너는 방송에서 해당 프로그램을 '사이비 과학'의 전파자라고 비판했고, 그 소동으로 프로그램은 종영되었다고 합니다.

한국에서도 교구 업체나 사교육 업체들이 여덟 개 영역의 지능을 골고루 발달시켜준다며 비싼 교재를 팔고, 고액의 교습비를 받으면서 지나친 상술을 펼쳐왔습니다. 이에 '사교육걱정없는세상'이라는 시민단체와 가드너는 이메일을 주고받으며 한국의 사교육 현실을 우려했습니다. 가드너는 "한국의 부모와 교사들은 사교육 업체의 다중지능 이론 주장을 거부해야 한다"고 말했습니다.

세렌디피티

✦

Serendipity

세렌디피티는 우연한 발견, 행운이라는 뜻으로, 중대한 발명이나 발견이 우연히 이루어지는 것을 말합니다. 특히 과학 분야의 실험 도중 실패해서 얻은 결과에서 중대한 발명이나 발견을 하는 것이라고 합니다.

1901년 처음 노벨 물리학상을 수상한 독일 물리학자 빌헬름 콘라트 뢴트겐은 실험 도중에 우연히 X선을 발견했습니다. 제약 회사인 오가논사는 항히스타민제를 개발하다가 실패했는데, 피실험자와 연구자가 실패한 항히스타민제를 복용하고 즐거워하는 것을 보고 통본이라는 항우울제를 개발합니다.

페니실린 곰팡이는 1928년 알렉산더 플레밍이 발견했으나, 그 효능은 10년 후 옥스퍼드대학교의 하워드 플로리가 우연히 알아냈습니다. 애초에 협심증 치료제로 개발된 비아그라도 실험 참가자들이 남은 약을 반납하지 않아서 조사해보니 발기 부전에 효과가 있다는 것을 알게 되었습니다.

독일의 화학자 아우구스트 케쿨레는 1868년 연구에 지쳐 의자에서 잠깐 잠이 들었는데, 꿈속에서 유기 사슬 구조와 분자 구조를 알아냈습니다. 하지만 이 우연은 신의 은총이 아니라 아흔아홉 번 실패 끝에 찾아온 영감이었습니다.

프랑스의 세균학자 루이 파스퇴르는 "우연은 준비된 자에게만 미소 짓는다"라고 말했습니다. 세렌디피티는 단순하게 오는 우연이 아니라 그동안 들인 노력과 시간의 산물이라 하겠습니다.

근접공간학

✦

Proxemics

미국의 인류문화학자 에드워드 홀은 "인간의 역사는 주로 타인으로부터 공간을 탈취하고, 외부인으로부터 그것을 방어하려는 노력의 기록"이라고 했습니다.

홀은 1966년 책 『숨겨진 차원』에서 개인 간의 거리감에 대한 의식을 네 가지로 분류했습니다.

첫째, 친근 거리. 아주 친한 사람과의 거리로 15~46센티미터.

둘째, 개인 거리. 사람을 만나 대화를 나누는 거리로 46~120센티미터.

셋째, 사회적 거리. 공식적인 회의석상 거리로 1.2~3.7미터.

넷째, 공공적 거리. 강의나 연설을 들을 때 거리로 4미터 이상.

이 공간 거리는 문화권별로 차이가 있고 사람에 따라서 다르기도 합니다. 중남미나 아랍, 남유럽 사람들은 상대적으로 가까운 공간에서 어울리는 것을 편안하게 생각합니다. 그러나 엘리베이터 안이나 현금 인출기 앞에서는 개인 간의 간격을 다르게 느낍니다.

근접공간학은 마케팅 분야에서도 활용되고 있습니다. 미시시피대학교의 캐럴 에스마크 교수의 실험에 따르면, 마트에서 특별히 도움을 요청하지 않은 손님에게 판매원이 눈 맞춤을 시도하자 계획했던 물품을 구입하지 않는 비중이 37퍼센트에 달했다고 합니다. 또 질문을 받은 직원이 아주 가까운 거리에서 응대했더니 25퍼센트가 구매를 하지 않았다고 합니다.

온라인에서도 과도한 접근이 판매에 부정적인 영향을 미친 사례로, 어느 30대 여성의 이야기입니다. "주문을 뜸하게 하면 '우리가 만난 지 꽤 된 것 같은데, 여기 25달러 쿠폰을 드려요'라고 발송되는 메시지가 섬뜩하게 여겨졌어요. 배달원이 아는 척하는 것도 불쾌했고요. 넘지 말아야 할 선을 넘은 거죠." 친밀감을 보이려는 시도가 역효과를 낸 것으로, 인간관계에서는 적절한 거리 유지가 중요한 것 같습니다.

동조

✦

Conformity

동조 집단에서 실제적이거나 가상의 압력을 받아 자신의 행동이
나 의견을 바꾸는 것을 말합니다. 1952년 미국의 사회심리학자
솔로몬 애쉬는 선 네 개를 비교하게 한 '동조 연구' 실험을 통해서
사람들이 자신이 확실하게 믿고 판단하는 것조차도 압력에 굴복
해 바꾼다고 주장했습니다.

애쉬는 기준이 되는 10센티미터의 선을 두고 8센티미터, 10센
티미터, 12센티미터의 선이 있는 그림을 보여주었습니다. 그리고
10센티미터의 선과 같은 길이의 선을 찾게 했습니다. 참여자 일곱

명 중 여섯 명은 실험 도우미로 사전에 오답을 말하기로 했습니다. 실험 대상자 한 명은 여섯 명이 오답을 말하자 당황했습니다. 이 실험에 따르면, 실험 참가자 중 75퍼센트가 적어도 한 번은 다수의 의견에 따라 틀린 답을 말했습니다.

다수에 동조하는 현상은 살아가면서 가끔 경험합니다. 내가 생각한 것이 맞는 것 같은데 다른 사람들이 다르게 말해, '내가 틀린 건가?' 하고 생각한 적이 한 번쯤은 있을 것입니다.

애쉬가 이런 실험을 한 배경에는 그가 폴란드계 유대인이라는 점도 빼놓을 수 없습니다. 애쉬는 제2차 세계대전 당시 어떻게 그 많은 독일인이 대량 학살을 자행한 나치의 이데올로기에 따를 수 있었는지를 알아보기 위해 연구를 시작했습니다. 동조 욕구에 대해 애쉬는 "남과 다르다는 것에 대한 두려움 때문에 남들과 똑같이 표현하면서 동질감과 소속감을 찾는다"고 분석했습니다. 고사성어 '부화뇌동'이 생각납니다.

퍼지 논리

✦

Fuzzy logic

퍼지 논리는 정확하게 나누기 힘들거나 경계 자체가 불분명한 애매모호한 상태를 나타내기 위한 논리 개념입니다. 퍼지fuzzy는 '흐릿한, 애매모호한, 명확하지 않은'이란 뜻입니다. 1965년 미국 캘리포니아대학교 컴퓨터공학자 로트피 자데가 전통적인 2진 논리의 결함을 보완하기 위해서 개발한 것입니다.

착한 아이가 있습니다. 이 아이는 얼마나 착할까요? 수학이나 논리학에서는 '착하다' '착하지 않다'라는, 참 아니면 거짓이라는 논리밖에 없습니다. 이 아이가 완벽하게 100퍼센트 착할 수는 없으니 '0.7 착함'이라는 식으로 표현하는 것이 퍼지 논리의 관점입니다.

1993년 미국 서던캘리포니아대학교의 전기공학과 교수 바트 코스코는 책 『퍼지식 사고』를 출간했습니다. 그는 이 책에서 퍼지와 관련해 과학계와 정부 기관들의 홀대와 분노에 대해 거론하며 "퍼지 논리는 서양의 논리가 끝나는 곳에서 시작한다"고 말했습니다.

1997년 삼성 전 회장 이건희의 책 『이건희 에세이: 생각 좀 하며 세상을 보자』에서 나오는 말입니다. "흑과 백 사이에도 다양한 명도의 회색이 있다. 이 다양성을 수용하는 것이 바로 퍼지식 사고이다. …… 퍼지 사고는 모든 요인을 총체적으로 보고 복합적으로 판단하며 동시에 창조적인 발상을 할 때 가능하다."

상호성의 법칙

✦

Law of reciprocality

남이 나에게 베푼 호의를 그대로 갚아야겠다는 심리를 말합니다.

1971년 심리학자 데니스 리건은 상호성의 법칙에 관한 실험을 합니다. 한 학생에게 실험실 앞의 콜라를 공짜로 제공하고, 실험이 끝난 후 학생들에게 기숙사 자선모금 행운권을 구입하도록 권유했습니다. 공짜 콜라를 마신 학생은 그렇지 않은 학생들보다 두 배 이상 행운권을 구입합니다. 공짜 콜라를 마신 학생은 그만큼의 호의를 베풀어야 한다는 상호성의 법칙이 작용한 것입니다.

1984년 애리조나주립대학교 심리학과 교수 로버트 치알디니는 『영향: 설득의 심리학』이라는 베스트셀러를 출간합니다. 이 책의 핵심 내용 중 하나가 '상호성의 법칙'입니다.

이 법칙은 마케팅에서도 활용합니다. 백화점이나 마트의 시식 코너에서 작은 음식을 하나 먹으면 그냥 가기가 부담스러워 마지못해 사는 일이 종종 있습니다.

특히 한국 사회처럼 집단주의 문화가 발달한 사회일수록 상호성의 법칙이 더 많이 작용합니다. 각종 경조사를 챙기고 남이 한 만큼 나도 호의를 베풀어야 한다는 강박관념에 사로잡혀 있기 때문입니다. 종종 온라인 커뮤니티에 축의금 문제가 화제로 떠오를 정도로 우리 사회에는 '상호성의 법칙'을 중요시하는 문화가 팽배해 경조사를 간소화하기가 쉽지 않은 것 같습니다.

열정적 증오

✦

Passionate hatred

열정적 증오는 특정 정치적 신념이나 노선을 내세우며 생각이 다른 사람들을 증오하는 광신도들의 의식과 행태에 대한 설명입니다. 그 이유를 미국의 사회운동가 에릭 호퍼는 인정 욕구를 충족하기 위해서라고 했습니다.

1951년 에릭 호퍼는 책 『맹신자들』에서 "열정적인 증오는 공허한 삶에 의미와 목적을 줄 수 있다"라고 했습니다. 그는 기독교에서 민족주의 공산주의에 이르기까지 대중적 신념의 문제를 해부하면서 현실을 외면하고 혐오하는 것을 공통점으로 보았습니다.

호퍼는 또 "군중이 대중운동에 매혹되는 것은 그것이 주는 약속과 교리 때문이 아니라 개인의 무력한 존재감과 두려움, 공허함을 피할 수 있는 피난처를 제공하기 때문이다"라고 말했습니다. 즉, 이념이나 노선은 빈껍데기일 뿐이고, '열정적 증오'를 발산할 수 있는 안전망이 필요하기 때문이라는 것입니다.

**교양으로 읽는
최소한의 심리 법칙**

© 강준우, 2024

초판 1쇄 2024년 6월 13일 찍음
초판 1쇄 2024년 6월 27일 펴냄

지은이 | 강준우
펴낸이 | 이태준

인쇄·제본 | 지경사문화

펴낸곳 | 북카라반
출판등록 | 제17-332호 2002년 10월 18일

주소 | (04037) 서울시 마포구 양화로7길 6-16 서교제일빌딩 3층
전화 | 02-486-0385
팩스 | 02-474-1413

ISBN 979-11-6005-140-7 03190
값 16,000원